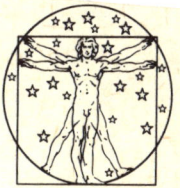

Hans A. Pestalozzi

DIE SANFTE VERBLÖDUNG

**Gegen falsche New Age-Heilslehren
und ihre Überbringer
– Ein Pamphlet**

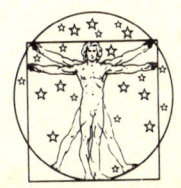

HERMES VERLAG

CIP-Kurztitelaufnahme der Deutschen Bibliothek
Hans A. Pestalozzi: Die sanfte Verblödung:
Gegen falsche New Age-Heilslehren
u. ihre Überbringer – Ein Pamphlet /
Hans A. Pestalozzi / Vorwort von Norbert A. Eichler
– 1. Auflage – Düsseldorf, Hermes Verlag, 1985 –
ISBN 3-88958-011-4

1. Auflage 1985
ISBN 3-88958-011-4
© 1985 by HERMES VERLAG, Düsseldorf
Gestaltung: Norbert A. Eichler
Titelfoto: Reinhard Rosenau
Alle Rechte vorbehalten
Gesamtherstellung: Clausen & Bosse, Leck
Printed in Germany

Inhalt

Zur Einstimmung

„Doppeldenken, Doppelrollenspiel, Doppel-beschlüsse; man täuscht den Eindruck vor, die Situation bis in die letzten Details durchdacht zu haben, und votiert sodann mit dem ganzen Pathos scheinbarer Verantwortlichkeit für das angeblich ‚geringere Übel‘.“

(Peter Sloterdijk,
Kritik der zynischen Vernunft, Bd. II)

*

„Da rief das Weib dem Aufschreienden die Worte zu: ‚Du kannst nicht einmal sehen, Thales, was dir vor Füßen liegt, und wähnst zu erkennen, was am Himmel ist.‘“

(Diogenes Laertius
über die Reaktion der Magd
des Thales von Milet, als er
auf dem Weg zum Studium des Himmels
in eine Grube fiel)

*

„Du brauchst bloß in eine Zeitung hineinzuse-hen. Sie ist von einer unermeßlichen Undurch-sichtigkeit erfüllt. Da ist die Rede von so vielen Dingen, daß es das Denkvermögen eines Leib-niz überschritte. Aber man merkt es nicht ein-mal; man ist anders geworden. Es steht nicht mehr ein ganzer Mensch einer ganzen Welt gegenüber, sondern ein menschliches Etwas bewegt sich in einer allgemeinen Nährflüssig-keit.“

(Robert Musil,
Der Mann ohne Eigenschaften)

*

„Der schreibende oder malende Spießer konnte sich dabei ordentlich heilig vorkom-

*men, er wuchs endlich irgendwie über sich
selbst hinaus in ein unbestimmtes, allgemeines
Weltgedusel …"*

(Raoul Hausmann,
Der deutsche Spießer ärgert sich)

*

*„… später haben ehrgeizige Männer, raffi-
nierte Politiker und Philosophen es verstan-
den, aus der Leichtgläubigkeit des Volkes ihren Nutzen zu ziehen … So entstanden die
verschiedenen Kultformen, die im Letzten nur
darauf abzielten, einer einmal bestehenden
Gesellschaftsordnung eine Art von transzen-
denter Legalität aufzuprägen … So ist es nicht
weiter verwunderlich, daß im Namen Gottes
… die weitaus größte Anzahl aller Menschen
von einer kleinen Gruppe von Leuten unter-
drückt wird …"*

(Marquis d'Argens,
genannt de Sade)

*

„Mit Gewalt *verbindet man die Vorstellung
von etwas, das nah und gegenwärtig ist. Sie ist
zwingender und unmittelbarer als die* Macht.
*Wenn die Gewalt sich mehr Zeit läßt, wird sie
zur Macht. Aber im akuten Augenblick, der
dann doch einmal kommt, im Augenblick der
Entscheidung und Unwiderruflichkeit, ist sie
wieder reine* Gewalt.
Der Unterschied zwischen Gewalt *und*
Macht *läßt sich auf sehr einfache Weise dar-
stellen, nämlich am Verhältnis zwischen* Katze
und Maus.
Die Maus, *einmal gefangen, ist in der Gewalt der* Katze. *Sie hat sie ergriffen, sie hält sie
gepackt, sie wird sie töten. Aber sobald sie mit
ihr zu spielen beginnt, kommt etwas Neues
dazu. Sie läßt sie los und erlaubt ihr, ein Stück*

weiterzulaufen. Kaum hat die Maus ihr den Rücken gekehrt und läuft, ist sie nicht mehr in ihrer Gewalt. Wohl aber steht es in der Macht der Katze, sie sich zurückzuholen. Läßt sie sie ganz laufen, so hat sie sie aus ihrem Machtbereich entlassen. Bis zum Punkte aber, wo sie ihr sicher erreichbar ist, bleibt sie in ihrer Macht. Der Raum, den die Katze überschattet, die Augenblicke der Hoffnung, die sie der Maus läßt, aber unter genauester Bewachung, ohne daß sie ihr Interesse an ihr und ihrer Zerstörung verliert, das alles zusammen, Raum, Hoffnung, Bewachung und Zerstörungs-Interesse, könnte man als den eigentlichen Leib der Macht oder einfach als die Macht selbst bezeichnen.“

(Elias Canetti,
Masse und Macht*)*

*

„In einer Kultur, in der verhärtete Idealismen die Lüge zur Lebensform machen, hängt der Wahrheitsprozeß davon ab, ob sich Leute finden, die aggressiv und frei („schamlos“) genug sind, die Wahrheit zu sagen.“

(Peter Sloterdijk,
Kritik der zynischen Vernunft, Bd. I)

Es ist wahr: Wir leben in einer „Wendezeit“, unsere „Paradigmen“ „wechseln“, und es gibt eine „sanfte Verschwörung“, die auf neue Verhältnisse auf unserer alten Erde hinarbeitet.

Es ist wahr: Die Menschheit lebt eine Krise, die sich aus vielen Einzelkrisen zusammensetzt, und wenn sie nicht unmittelbar und umgehend eine Lösung verwirklicht, stirbt sie an ihr. Jede dieser vielfältigen und multidimensionalen Krisen beweist die Notwendigkeit anderer Verhältnisse: Die Krise der Ökonomie, der Politik, des Friedens, der Ökologie, der Wissenschaft, der Medizin, der Sozial- und Individualpsychologie, der Architektur, der Energie, der Ernährung, der Bevölkerungszahl, des Währungssystems, der Kriminalität ... die Liste ließe sich, ohne sich allzu rasch zu erschöpfen, beliebig fortsetzen und endete lediglich in einer vollständigen Beschreibung aller Aspekte des menschlichen Daseins auf einem unmenschlich gewordenen Sonnentrabanten.

Da alle diese Krisen menschengemacht sind, weder von der Natur noch von außerirdischen Wesen dem Menschen aufgezwungen, müßten sie auch von Menschen zu lösen sein, ist die zwingende Folgerung. Und schon melden sich die Problemlöser zu Wort, seien sie dazu berufen oder nicht, propagieren Konzepte und Ideen für eine Veränderung unserer gelebten Wirklichkeit, die oft nicht mehr sind als ein phantasielos „vorgestelltes", blauäugig „humanisiertes" und fadenscheinig gewendetes „Old Age" – und verschleißen dafür den Anspruch und Begriff eines New Age, eines wirklich Neuen Zeitalters, den andere, Einsichtigere und weiter Denkende gefunden und erhoben haben.

Statt den niedergehenden, an sich selbst kranken materialistischen Kulturen die ganze Stärke und Fruchtbarkeit neuer Einsichten und Perspektiven entgegenzusetzen, kokettieren die bekannten (und oft zu unrecht in diese Rolle gebrachten) Wortführer eines „Neuen Zeitalters" mit den herrschenden Strukturen, verraten die neuen Ideen an die Verursacher der alten Misere – und verlassen sich im übrigen auf die „transformierende Kraft der Sterne", die alles schon ins Lot bringen, „die Zukunft nach uns" schon irgendwie regeln werde.

Und der Beifall, in den sich immer weniger ablehnende Stimmen mischen, wächst, laut und allseits vernehmbar:

- Konservative Zeitungen kommen nicht mehr umhin, sich ernsthaft mit dem Gedanken eines Neuen Zeitalters auseinanderzusetzen – wie z. B. die altehrwürdige FAZ, die seitenlang von der Beschäftigung staatstragender Politiker Frankreichs, über alle Gegensätze linker und rechter Couleur hinweg, mit Inhalten und Konzepten der New Age-Bewegung zu berichten wußte.*
- Zeitschriften und Seminare für Führungskräfte der Wirtschaft beschäftigen sich zunehmend mit dem Thema – sei es auch so zynisch wie in einem zum Titelthema gemachten Beitrag der Zeitschrift „Management Wissen", in dem der Autor sich mit dem disqualifizieren durfte, was an New Age-Gedanken und -Konzepten so durch seine Gehirnwindungen drang.**
- Peinliche Zeitgenossen wie G. Gerken sind sich nicht zu schade, die im kapitalistischen Sinn verwertbaren Inhalte des neuen Bewußtseins den Inhabern der alten Wirtschaft und Verursachern der planetarischen Probleme als „Einzug der Spiritualität in das Business", als „New Age-Management" für einen „innengeleiteten Verbrauchertypus" anzudienen.**
- Organisationen wie „BEP" („Bewußtseins-Erweiterungs-Programm") vertreiben bereits mit Millionenumsätzen Trainingsprogramme für ein effizientes New Age-Bewußtsein – auf erzkapitalistische Weise.
- Die Creative Directorin einer Hamburger Werbeagentur (einer der größten des Landes und der Welt) kann sich nicht daran hindern, in einer Werbe-Fachpublikation*** ein aus ihrer dauergewellten Vermarkterpsyche empfundenes „New Age" auszurufen, und „Emotional Advertising", „neue Marken-Inhalte" und den „neuen Verbraucher" – quasi den New Age-Konsumenten – zu fordern. Sie hält dies „für die wichtigsten

* FAZ, 12. 1. 1985
** „Management Wissen", Febr. 1985
*** „werbung im stern", Nr. 52/1984

Entwicklungen und Trends, auf die sich die Werbung einstellen muß" – und hat beim Zubettgehen abends womöglich noch das klammheimliche Gefühl, keineswegs von gestern, sondern Teil einer weltumspannenden, progressiven „sanften Verschwörung" zu sein.

Ausgelöst haben das überwältigende Interesse an einem Neuen Zeitalter vor allem zwei Bücher, an denen die etablierten Kulturen nur zu gerne vorbeigesehen hätten – wäre nicht die Quantität ihrer Auflagen ein allzu „gewichtiges" Argument gewesen, sich mit ihren ungeliebten Thesen auseinanderzusetzen: „Die sanfte Verschwörung" von Marilyn Ferguson, und die „Wendezeit" von Fritjoff Capra.

Und siehe da: Bei näherer Betrachtung entpuppte sich die sanfte „Verschwörung" der Marilyn F. als durchaus konstruktiver Beitrag zur materialistischen Herrschaft über Menschen, als vereinnahmbare Innovation im Geiste und mit den Zielen des Alten. Warum also nicht New Age, wenn wir unter dieser neuen Flagge zu unseren alten Ufern segeln können?

Warum nicht New Age, wenn es doch gar nicht so bedrohlich neu gemeint ist, wie es beispielsweise in dem Buch „Sonnenstadt im Nebel" seit 1975 angekündigt und skizziert wird?

Als der Beifall der Falschen, aus den falschen Gründen, zu der Verbreitung eines „entschärften" und marktgerechten New Age zu sehr anschwoll, und die Vermarktung des Themas – nicht um des Themas, sondern der Vermarktung willen – auf dem „New Age-Symposium 1984" in Zürich allzu groteske Blüten trieb*, konnte es einen nicht mehr zurückhalten, der es wirklich besser weiß und der sich nicht mehr blenden lassen kann, auch wenn er es aus Sympathie

---

* Zum Eintrittspreis von 560,– Schweizer Franken für drei Vortratstage durfte man nicht nur den Banalitäten der Marilyn F., sondern u. a. auch den Theorien des Werbemannes M. Kutter über „neue Medien" zuhören, der in der elektronischen Vernetzung und Verkabelung aller Menschen (s)ein „New Age" kreativer Individuen kommen sieht!

mit den Geblendeten gerne täte: Hans A. Pestalozzi. Statt, wie vor-
gehabt und angekündigt, eine Rede über „die Neue Wirtschaft" im
Neuen Zeitalter zu halten, wich er vom Thema ab – um die alte
Wirtschaft mit dem neuen Thema anzuprangern; auch die der Ver-
anstalter des Symposiums. Und rettete damit den Wert einer Veran-
staltung, die sonst zur Groteske verkommen wäre – es bereits weit-
gehend war.

Alle, die sich mit alternativen Modellen für Leben, Gesellschaft
und Wirtschaft befassen, sollten deshalb diese Rede – vom Autor
zum Essay überarbeitet und ergänzt – mit besonderer Aufmerk-
samkeit und Aufnahmebereitschaft lesen.

Nicht, weil er etwas kritisiert – und damit leicht den Beifall der
zitierten „Falschen", „aus den falschen Gründen" finden könnte.
Hans A. Pestalozzi ist selbst ein erklärter Verfechter einer politischen, wirtschaftlichen, sozialen und kulturellen Neuordnung im
Sinne eines wirklichen New Age.

Sondern weil Kritik von denen am fruchtbarsten ist – und man sie
am klügsten von denen aufnimmt – die von der kritisierten Sache
etwas verstehen. Weil sie selbst *für* die Sache stehen und einstehen.

Immer mehr und immer schneller geht es in unserer Zeit des Be-
wußtseinswandels und der Transformation von Menschen nicht
mehr darum, ein, irgendein Neues (Zeitalter) zu verkünden und
bewußt zu machen – sondern darum, die Menschen davor zu bewahren, unter neuem Etikett mit der alten, giftigen Arznei „geret-
tet" zu werden.

Es geht mehr denn je darum, klarzumachen, was das Neue wirklich ist und sein sollte – und es besonders deutlich davon zu unterscheiden, was es *nicht* ist und *keinesfalls* sein kann.

Und es geht immer mehr darum, das Neue vor seinen falschen
Propheten und Verkündern zu bewahren.

Das Alte dürfte das Neue sonst allzu schnell vampirisiert und als
Vehikel zur Verzögerung der eigenen Transformation mißbraucht,
es für eine wirklich neue Zukunft entwertet haben.

Das neue Buch von Hans A. Pestalozzi ist eine Pflichtlektüre für alle, die ein neues Zeitalter wollen und die deshalb ein berechtigtes Interesse daran haben, sich und andere vor der „sanften Verblödung" durch falsche Heilslehren und ihre Überbringer zu bewahren.

Heute – und in Zukunft.

Norbert A. Eichler,
Januar 1985

Die sanfte Verblödung

I.

(Beifall)

Ich mag Ihren Beifall nicht.

(Beifall)

Fassen Sie diese Bemerkung nicht als effektvolle Publikumsbeschimpfung auf; es ist keine Masche von mir. Versuchen Sie doch, sich in meine Situation zu versetzen. Seit fünf Jahren reise ich mit Vorträgen in der Welt umher, mit dem einen einzigen Anliegen: Hört endlich auf, auf andere Leute zu hören! Werdet endlich ihr selber. Laßt euch nicht vorsagen, was richtig ist und was nicht. Es geht um eure Autonomie; es geht um eure Selbstbestimmung; es geht um euren eigenen Willen, euer eigenes Leben zu gestalten.

Und dann komme ich in den nächsten Saal hinein, und da sitzen wieder Hunderte, manchmal Tausende von Menschen, applaudieren schon, wenn ich die Bühne betrete und starren – wie eh und je – zu dem da hinauf, der ihnen nun sagen wird, wie es weiterzugehen hat.

Die Haltung ist verständlich. Die Bereitschaft und Fähigkeit, unser eigenes Leben in der selbstgestalteten Gemeinschaft mit unseren Mitmenschen leben zu können, ist uns gründlich ausgetrieben worden. Man nennt es Erziehung. Und so wartet man nun eben wieder auf den Experten, den Guru, den Erlöser, den Führer, der uns sagt, wie wir uns zu verhalten haben. „Mir nach, Marsch!" Ist diese Haltung nicht typisch für den heutigen Kongreß?

Ich schildere ihnen ein kleines Erlebnis, wie es auch ganz anders hätte ablaufen können. Vor einigen Jahren hätte ich in einer kleinen Schweizer Stadt über die Züricher Jugendrebellion referieren sollen. Als ich den Gasthaussaal betrete, sitzen da einige hundert Zuhörer – fast alles Jugendliche. Ich hatte ein komisches Gefühl, was ich als über Fünfzigjähriger diesen Jugendlichen über ihre eigene Rebellion sagen soll.

In der Tat: ich konnte genau drei Minuten sprechen, und dann war Schluß. Da steht ein zwanzigjähriges Punkmädchen mit seinen farbigen Stoppelhaaren auf und brüllt in den Saal hinein: „Hör doch auf mit dem Scheiß; ich weiß das alles viel besser als du!" Ich bin etwas perplex und versuche, dem Mädchen meine Situation in solchen öffentlichen Vorträgen zu erklären, und schon ruft ein Junge: „Aber wir können doch alles selber sagen; dazu brauchen wir keinen Guru." Und wieder ein anderer: „Komm wenigstens von der Bühne herunter, schau nicht so blöd auf uns herab. Dann können wir von gleich zu gleich diskutieren." Innerhalb weniger Minuten war die typische Vortrags-Konsumveranstaltung, wo ein „Experte" spricht und einige Hundert zuhören, umfunktioniert in eine Vollversammlung der Anwesenden. Gegen Schluß des Abends verlangt ein älterer Teilnehmer, der Referent solle doch auch einmal zu Worte kommen – ich hatte den ganzen Abend kaum je etwas sagen können. Da mußte ich nun protestieren: Alles, was ich hätte sagen können, war längst gesagt worden, aber eben nicht von einem „Experten", der über andere befindet, sondern von den Betroffenen selbst.

Spüren Sie den Unterschied zu diesem Kongreß? Aus aller Welt wurden Experten eingeflogen. Drei Tage lang sitzen Sie auf Ihren Stühlen. Sie werden mit Unmengen Vorträgen überhäuft. Sie klatschen brav bis begeistert in die Hände. Eine Unmutsäußerung war bisher nicht zu vernehmen. Diskussion ist nicht erwünscht. Der Programmablauf läßt Ihnen keine Minute Zeit, um sich eigene Gedanken zu machen. Dies soll der „neue Mensch" in einer „neuen Zeit" sein? Glauben Sie allen Ernstes an das, was Ihnen da prophezeit wurde: Daß wir ruhig auf unseren Stühlchen sitzen bleiben können und begeistert zuschauen dürfen, wie überall in der Welt die Experten, Wissenschaftler, Führer, Generäle, Manager usw. ihr Bewußtsein ändern, für sich die sogenannten Paradigmen wechseln, und schon wird es zum globalen Bewußtseinsprung kommen – das

Paradies ist da? Wenn jemand behauptet, er wüßte, wie wir aus dem heutigen Schlamassel herausfinden werden, wie es weitergehen werde, oder gar, wie die Zukunft aussehen werde, dann ist er entweder ein Dummkopf oder ein Scharlatan – oder er ist für uns alle gefährlich.

2.

Ich könnte es mir jetzt so einfach machen wie einige meiner Vorredner, und Ihnen in den rosigsten Farben die wundervolle Wirtschaft schildern, wie sie uns das Wassermannzeitalter bescheren wird. Sie kennen alle die schon in der Öko-Literatur beliebten und nun in den New Age-Publikationen geradezu Mode gewordenen Gegenüberstellungen. Links die böse alte Zeit – rechts die gute neue Zeit, oder auf die Wirtschaft bezogen: auf der einen Seite die böse alte Wirtschaft mit den Prinzipien Verschwendung, Konsum, künstliche Bedürfnisse, Quantität, Ausbeutung, Manipulation, Zentralisierung, Dominanz der Technologie, Massenproduktion, Expansion, und so weiter und so fort. Auf der anderen Seite die lichte, hehre Zukunft des Wassermannzeitalters, in der sich die Wirtschaft nach folgenden Paradigmen richten wird: Qualität, Flexibilität, Kreativität, Identität, Internalisierung der sozialen Kosten, Permakultur, Langzeitharmonie, angepaßte Technologie, menschliches Maß und so weiter und so fort.

Ich könnte das nun Punkt für Punkt eine Stunde lang ausmalen. Sie würden befriedigt wie nach einer Sonntagspredigt nach Hause fahren. Sie hätten wieder Stoff für Ihre Kurse, Seminare, Tagungen, Zeitschriften, Kassetten. Es hätte sich gelohnt.

Es tut mir leid; ich kann es Ihnen nicht bieten. Gerade die Tatsache, wie leicht es ist, solche Gegenüberstellungen zu machen, zeigt doch, daß wir schon längst wüßten, wie es sein müßte.

Selbstverständlich war es einmal nötig, zu merken, daß mit unserer Wirtschaft und unserer ganzen Gesellschaft etwas nicht mehr stimmt, wir mußten einmal merken, welchen Phantomen und Illusionen wir nachgerannt waren. Wir mußten in einer zweiten Phase analysieren, weshalb wir uns denn derart unglaublich verrennen konnten in unserem lächerlichen Glauben an die Grenzenlosigkeit unseres Planeten, an die Machbarkeit alles und jedes, an die Wertfreiheit von Technik und Wissenschaft.

Am spannendsten war sicher die Phase, als die Frage lautete: Wie denn anders? Die Phase, als weltweit Alternativen, neue Szenarien, Ökomodelle, Utopien usw. entwickelt wurden. Aber alle diese Phasen sind doch längst vorbei. Heute wüßten wir es doch schon längst.

Wir wüßten, wie eine Energieversorgung auszusehen hätte, die ökologisch zu vertreten wäre und Demokratie nicht immer noch mehr behindern würde.

Wir wüßten, wie Landwirtschaft auszusehen hätte, die nicht die Bauern liquidiert, die Böden zerstört, Überschüsse produziert, die vernichtet werden müssen.

Wir wüßten, wie die Verkehrsprobleme anzugehen wären.

Wir wüßten, wie die Beziehung zur Dritten Welt gestaltet werden müßte.

Wir wüßten, wie die Rüstungsindustrie konvertiert werden könnte und so weiter und so fort.

Wir wüßten aber auch schon längst, wie die Unternehmen strukturiert sein müßten, und welche konkreten Schritte unternommen werden müßten, wenn es uns ernst wäre mit unserem gesellschaftlichen Bekenntnis zur Demokratie, Humanität, Gerechtigkeit oder gar christlichem Verhalten.

Gibt es denn nicht schon unzählige Modelle und Erfahrungen,
- wie im Unternehmen die Freiheits- und Menschenrechte des Individuums auch der Wirtschaft gegenüber sichergestellt werden können?
- wie man den Gegensatz zwischen Kapital und Arbeit überwinden könnte?
- wie man versuchen könnte, dem Ziel der Selbstverwaltung immer näher zu kommen?
- wie Hierarchie Schritt um Schritt abgebaut werden könnte?
- wie Diskriminierungen Mann–Frau, Erwachsener–Jugendlicher, Ausländer–Inländer, Kopfarbeiter–Handarbeiter usw. überwunden werden könnten?
- wie Lohnstrukturen auszusehen hätten, die nicht von den Machtverhältnissen ausgehen, sondern vom Recht des Menschen auf Existenz?
- wie die Arbeitszeit den Bedürfnissen des einzelnen Mitarbeiters angepaßt werden könnte?
- wie soziale Sicherheit vom Arbeitsvertrag abgekoppelt werden könnte?

Ich erinnere mich an die vielen entsprechenden Seminare in dem Institut, das ich früher geleitet habe – bevor man mich wegen meines Engagements für solche Strukturen gefeuert hat.

Ich erinnere mich an die unzähligen – oft auch negativen, aber lehrreichen – Erfahrungen mit selbstverwalteten Betrieben, wie sie in den einzelnen „Netzwerken" zusammengeschlossen sind.
Ich erinnere an die Unternehmensmodelle des holländischen NPI.

Ich erinnere an die anthroposophischen Unternehmen, Krankenhäuser, Banken, in denen all dies, zum Teil seit Jahrzehnten, praktiziert wird.

Doch nun hat plötzlich das große Suchen begonnen, das große Suchen der Menschheit nach dem Neuen, die große Suche der Menschheit nach dem Visionären. Plötzlich lese ich in der New Age-Literatur: „Die Zahl der geistig Suchenden wächst." Was soll denn das?

Wenn wir seit Jahrzehnten wüßten, wie es sein müßte, und wenn es uns so leicht fällt, solche Gegenüberstellungen zu machen, was wollen wir denn eigentlich noch suchen gehen? Dann ist es ja schon längst keine Frage des Suchens mehr, keine Frage mehr des „Wie oder Was", sondern da gibt es nur noch eine einzige Frage, nämlich: Warum denn eigentlich nicht? Was hindert uns denn daran, all das endlich zu verwirklichen? Es gibt doch tatsächlich nur noch diese einzige Frage.

3.

New Age hat die Antwort bereit: Es war unser falsches Bewußtsein. Doch jetzt kommt alles anders: Wir stehen vor der historischen Wende, vor dem kosmischen Wandel, vor dem Paradigmenwechseln, vor der Erleuchtung, dem Bewußtseinssprung. Wir danken den Sternen!

Der große Bewußtseinssprung: Ist das so neu, was uns da als Weg zu dem Neuen präsentiert wird?
– Laisser aller, laisser faire; das war das Prinzip des Liberalismus. Diese Befreiung wird unser ganzes Bewußtsein verändern, hieß es. Sämtliche Kreativkräfte des Menschen werden mobilisiert. Innovationsfreude, Risikobereitschaft und so weiter,

sämtliche guten Eigenschaften des wirtschaftenden Menschen werden zum Heil der Menschheit führen.
- Ein anderes Mal waren es plötzlich die Eigentumsverhältnisse an den Produktionsmitteln, die verändert werden mußten. Die Produktionsmittel seien zu „vergesellschaften", und schon werde der Mensch endlich Mensch sein können. Das neue Bewußtsein, selber über die Produktionsmittel zu verfügen, schaffe die neue Wirtschaft.
- Wieder ein anderes Mal war es dann das Bewußtsein: Ein Volk, ein Reich, ein Führer. Und schon wird sich das Gegeneinander einer zerstörerischen Wirtschaft in das freiwillige Miteinander der ständischen Ordnung verwandeln, wie es uns damals verheißen wurde.

Nun, wir können noch weiter zurückgehen: Wie steht es eigentlich mit dem stärksten Anspruch, der je in unserer Gesellschaft, je in unserer Zivilisation erhoben worden ist, mit dem Bewußtsein die Realität verändern zu wollen. Wie steht es mit dem Anspruch des Christentums? Das war doch genau dieser Anspruch! Das Christentum ging doch davon aus, das veränderte Bewußtsein verändere nachher die Realität. Das Bewußtsein wurde doch unverzüglich von den Mächtigen vereinnahmt, um die eigene Macht zu sichern. Jesus Christus war eine Frau, das dürfte doch eindeutig sein. Nichts von dem, was Jesus Christus gesagt hat, war „Mann", nichts von dem, was Jesus Christus getan hat, war „Mann", sondern es war „Frau"; die Frau mußte aber in der Form des weißen Mannes auftreten, um in einer hierarchischen, patriarchalischen Gesellschaft überhaupt zur Kenntnis genommen zu werden. Und schon konnte sie dadurch vereinnahmt werden. Gibt es denn ein extremeres Beispiel als das Christentum, um zu beweisen, daß verändertes Bewußtsein allein noch nie genügt hat, um die Verhältnisse zu ändern?

Im Gegenteil, sagen die NA-Experten. *Jetzt* werden sich die Verhältnisse ändern. Jetzt ist es soweit. New Age macht Ernst mit dem

Christentum: New Age ist nichts anderes als die Verwirklichung des christlichen Gedankens! Die New Age-Kosmologen wissen es genau: 1981 standen die Sterne in einer sogenannten Messiaskonstellation, genau wie zur Zeit von Christi Geburt. Welch ungeheure Arroganz! Jesus kam einfach etwas zu früh. Der Herrgott hatte sich getäuscht. 2000 Jahre zu früh. Er hätte tatsächlich warten können, bis auch der Kosmos so weit war, bis endlich auch die Sterne so weit waren, uns Menschen zu befähigen, mit dem Christentum Ernst zu machen. Wenn er gewartet hätte, wäre er nicht gekreuzigt worden. *Wir* sind es, die die göttliche Botschaft empfangen haben und sie in die Tat umsetzen werden.

Wir verändern unser Bewußtsein, und aus all den brutalen Großkonzernen – um auf die Wirtschaft zu sprechen zu kommen – aus all den aggressiven Rüstungsbetrieben, aus all den zerstörerischen Chemieunternehmen, aus all den lebensfeindlichen Atomkraftwerken werden nun sonnige, wonnige, friedliche, dezentralisierte Kleinbetriebe. Und schon beginnt Daimler-Benz nur noch Fahrräder zu produzieren. Die Saatgutkonzerne befassen sich mit der Herstellung von Steinmehl und Algenextrakten; sie werden Kuhhörner vergraben für den biologisch-dynamischen Landbau. Die Rüstungsindustrien werden sich dem öffentlichen Verkehr widmen und Komposthäxler herstellen. United Food wird das geraubte Land zurückgeben und Selbsthilfegenossenschaften der Plantagenarbeiter finanzieren. Die sieben Erdölschwestern widmen sich den Windmühlen, Wärmepumpen und der Isolation von Häusern. Die Großbanken räumen ihre Paläste in den Stadtzentren und stellen sie als Familienwohnungen zur Verfügung. Die Nestlé wird die Mütter in der Dritten Welt über die Auswirkungen ihrer Geschäftspraktiken aufklären. Die Aluminiumindustrie arbeitet mit den australischen Ureinwohnern zusammen, um das Land wiederherzustellen. Die ITT wird in Chile die Diktatur beseitigen. Und die Werbeagenturen werden uns mit riesigen Kampagnen darüber aufklären, wie all das möglich war, was heute ist. Dies werden wir dann qualitatives Wachstum im Zeichen von Wassermann nennen.

Um solche Probleme geht es doch, wenn wir über Wirtschaft sprechen. Es ist leicht, in all den Zukunftsdiskussionen mit abstrakten Begriffen wie sanft, menschgemäß, qualitativ, rücksichtsvoll zu operieren. Man malt rosige Bilder und schwebt davon auf zarten Wölklein. Sobald man aber ganz konkret sagt, wie müßte es denn sein, welches sind die Probleme, um was geht es denn eigentlich, dann ist Schluß.

Was wird uns denn in der ganzen New Age-Literatur als das Neue dargestellt, was wird uns denn da vorgeschlagen? Welche sind denn nun die verheißungsvollen Ansätze?

Bei Ferguson stoße ich auf folgende Beispiele: Ein höherer Lohn nicht aufgrund der Hierarchie, sondern aufgrund von Leistungstests. Ist das das neue Bewußtsein?

Stempeluhren werden ersetzt durch Arbeitszettel. Ist das die neue Wirtschaft?

Fließbänder werden in kleinere Abschnitte zerlegt – wahrscheinlich, damit sie schneller fließen können.

Mit gleitender Arbeitszeit wird experimentiert – die Leute kommen zu oft zu spät zur Arbeit.

Oder was soll denn dieser abgedroschene Begriff „Humanisierung der Arbeitswelt"? An einem Fließband steht eine Arbeiterin. Mit der Zeit wird sie auf der einen Seite ganz wund, weil es da immer schürft. Dann kommt der „Humanisierer" und stellt sie auf die andere Seite des Fließbandes. Dann tut es nicht mehr weh, weil die andere Seite jetzt wund wird.

Dann fühlt sie sich aber sehr humanisiert. Dies ist die heutige Humanisierung der Arbeitswelt!

Geradezu kurios wird es dann bei den Beispielen, die illustrieren sollen, worin das neue Bewußtsein des Managers besteht.

Da steht doch nun ganz konkret: Einem in der Subkultur arbeitenden Netzwerk wird vom Vorsitzenden der American Telegraph & Telephone ein Fotokopierer kostenlos zur Verfügung gestellt. Na, sowas an Erleuchtung!

Oder der Präsident der TWA habe erkannt, daß eine regelrechte Revolution in unserem kollektiven gesellschaftlichen Bewußtsein stattgefunden habe. Welche Konsequenz hat er daraus gezogen? Was hat sich bei der TWA dann konkret verändert? Besteht heute das Ziel des Präsidenten der TWA darin, endlich einmal die Notwendigkeit von Flugreisen zu verringern?

Noch grotesker ist, was als positives Beispiel einer zukunftsweisenden Zusammenarbeit von Großindustrie und gesellschaftlichen Trends erwähnt wird: Als sich immer mehr Menschen für Vitamine und sinnvolle Ernährung anstelle von Medikamenten interessierten, habe Hoffmann-La-Roche verkündet, daß sie jetzt den Bau einer gigantischen Vitamin-C-Fabrik plane. Soll das die sinnvolle Ernährung sein?

Das Problem ist nicht der Vitaminmangel. Das Problem ist die Denaturierung der Nahrungsmittel. Die Nahrungsmittelindustrie zerstört die natürlichen Vitamine, und nachher kommt die pharmazeutische Industrie und sagt: „Na, ihr seid doch krank; kommt, wir liefern euch das, was ihr haben müßt, um wieder gesund zu werden, wir liefern euch die künstlichen Vitamine." Ich bin aber nachher kränker als vorher, weil ich die Denaturierung der Nahrungsmittel akzeptiere. Das einzige, was mit der neuen Fabrik gesünder worden ist, sind die Gewinne von Hoffmann-La-Roche.

Wenn vor Jahren einmal auf der SST verzichtet worden ist, also auf den Super-Sonic-Transporter, dann doch nicht aufgrund eines anderen Bewußtseins der Wirtschaft, sondern weil man gemerkt hat, in welche finanzielle Katastrophe die Concorde hineinrast. Also hat man darauf verzichtet. Oder wenn man heute in den USA keine Atomkraftwerke mehr baut, dann doch nicht, weil man weiß, wie lebensfeindlich und gefährlich diese Energieproduktion ist,

sondern weil es sich nicht mehr rentiert. Oder wenn Großunternehmen beginnen, Bioprodukte zu verkaufen, oder wenn phosphatfreie Waschmittel ein Hit zu werden beginnen, oder wenn
Großverteiler Freilandeier anbieten, oder wenn sogar die Springer-,
die Burda- und die Ringier-Presse beginnen, auf grün zu machen,
dann ist das doch nicht eine neue Wirtschaft! Die Wirtschaft hat das
ökologische Bewußtsein doch schon längst vereinnahmt.

Das andere Bewußtsein eines großen Teils der Bevölkerung ist
wieder zum gigantischen Geschäft geworden, so wie auch New Age
bereits ein beträchtliches kommerzielles Volumen angenommen haben dürfte – ohne den Veranstaltern nahetreten zu wollen.

Ich denke hier nicht nur an die unzähligen Kongresse, Seminare,
Workshops, Verlage, Buchhandlungen, Schmuckgeschäfte und so
weiter. Noch typischer ist die Art und Weise, wie New Age bereits
von der Werbung übernommen worden ist. „New Age fordert uns
heraus zum Emotional Advertising", stellt die Direktorin einer der
größten Werbeagenturen Deutschlands strahlend fest. „Wenn
Werte, die von innen kommen, immer wichtiger werden, müssen
Marken lernen, neue Inhalte zu vermitteln."

Ferguson erwähnt einen Bericht des Standfort-Research-Instituts über „Selbstauferlegte Einfachheit", und betrachtet es als etwas
Sensationelles, daß kein anderer Bericht dieses Instituts je von der
Geschäftswelt so häufig verlangt worden sei.

Aber die Manager haben den Bericht doch nicht verlangt, um die
eigenen Erkenntnisse ändern zu können, um die Erkenntnisse des
Berichts übernehmen zu können, sondern um drohende gesellschaftliche Gefahren zu erkennen, um darauf reagieren zu können,
und um daraus wieder ein Geschäft machen zu können! Darum ging
es doch!

Oder es wird als Zeichen für ein verändertes Bewußtsein der
Manager gewertet, wenn sie sich immer mehr mit öffentlichen Problemen beschäftigen. Es sei positiv, daß sich der Zeitaufwand der
Manager der tausend führenden Wirtschaftsunternehmen der USA

für die Beschäftigung mit öffentlichen Problemen innerhalb dreier Jahre von 40 % auf 60 % erhöht habe. Das ist doch nicht die Folge der Forderung, daß wir etwas Neues machen müssen, sondern im Gegenteil, weil es immer heißt, der Manager müsse sich stärker mit der Politik befassen, damit er verhindern könne, daß das Neue geschieht. Darum geht es doch!

4.

Letztlich denken doch alle diese New Age-Experten genau in den alten, traditionellen Managementstrukturen.

Ferguson spricht vom Zwang zu neuen Managementmethoden. Weshalb? Ich zitiere wörtlich: „Die Notwendigkeit drastischen Handelns wird am gebremsten Wachstum der amerikanischen Produktivität deutlich." Der Erfolg pro Arbeitsstunde sei in den USA viel weniger deutlich gestiegen als in anderen Industrieländern, also müßte sich das US-Management etwas anderes einfallen lassen. Also geht es nicht um den neuen Menschen, nicht um das neue Zeitalter, nicht um das neue Bewußtsein, sondern New Age ist eine neue Methode der Produktivitätssteigerung.

Am klarsten haben Sie es in diesem Kongreß von Frau Friebe als New Age-Expertin gehört. Ich zitiere aus dem Programmheft: „Es ist auf der ganzen Linie lohnend, eine Unternehmensphilosophie zu entwickeln und zu praktizieren, durch die sich jeder Mitarbeiter als Mensch geachtet fühlt." Was ist denn das Neue? Lohnen heißt rentabel, Profit bleibt also Steuerungsfaktor für das Glück des Menschen. Drehen Sie den Satz doch einfach um, dann merken sie, welcher Zynismus in dieser Aussage steckt: Sobald es nicht rentiert, habe ich keinen Grund, den Mitarbeiter als Menschen zu achten.

Die neue Geistigkeit, das reine Denken, das uns in diesem Zusammenhang präsentiert wurde, ist nichts anderes als ein Plagiat der Lehre von Rudolf Steiner. Der ehrliche Titel wäre gewesen: „Wie maximiere ich mit Rudolf Steiner meinen Profit?"

„Wer dazu kommt, jeden Menschen zu achten, der fördert automatisch durch das Betriebsklima die Einsatzbereitschaft seiner Mitarbeiter ... Wer nicht Leistung fordert, fördert eben auch nicht die Leistungskraft und den Leistungswillen" (Friebe).

Und wenn man dann sogar die IBM-Philosophie als Ideal hinstellt, dann reicht's! Was IBM mit ihren Soll-Vorgaben, ihrem 100-Prozent-Club, ihren Belohnungsreisen – je nachdem mit oder ohne Gemahlin – betreibt, ist nichts anderes als das sozialistische Stachanow-System auf kapitalistisch.

Auch in den New Age-Managementkursen ist ständig die Rede von neuen Erfolgsrezepten für die Wirtschaft. Ein neues, ganzheitliches, geistiges Erfolgsrezept wird angeboten. Man spricht immer davon, auch die Wirtschaft könne nur gedeihen, wenn sie sich dem neuen Bewußtsein öffne, sie müsse an das eigene Gedeihen denken und dann das übernehmen, was man ihr nun von New Age-Seite als Lösung anbiete.

Aber ich will nicht, daß auch noch im Wassermannzeitalter die Wirtschaft im heutigen Sinne gedeiht.

Ich will nicht eine Pharmaindustrie, die „gedeiht". Ich will, daß wir gesund sind. Dann kann die Pharmaindustrie nicht „blühen". Es geht einfach nicht!

Ich will nicht eine blühende chemische Industrie, sondern ich will naturgerecht leben können, dann kann die Industrie nicht blühen!

Ich will nicht steigende Einzelhandelsumsätze, sondern ich will, daß die Leute zufrieden sind, genug haben und sagen: „Es reicht jetzt allmählich." Dann können die Einzelhandelsumsätze nicht steigen.

Ich will nicht eine blühende Reiseindustrie, sondern ich will, daß es mir da wohl ist, wo ich zu Hause bin.

Ich will nicht eine blühende Automobilindustrie, sondern ich will, daß ich mich möglichst wenig verschieben muß, möglichst wenig mobil sein muß, um das zu erreichen, was ich brauche, um zufrieden leben zu können.

Ich muß mir endlich bewußt werden, daß die Wirtschaft nur dann gedeihen kann, wenn es uns schlecht geht. Die Wirtschaft gedeiht nicht, wenn es uns gut geht, wenn wir glücklich, zufrieden, gesund sind. Sie glauben, daß die Wirtschaft dies zugeben und sich entsprechend verändern kann?

Ich kenne das Gegenargument: Es sei doch schon unheimlich viel gewonnen, wenn man auf den Menschen im Betrieb mehr Rücksicht nehme. Oder wenn ökologische Überlegungen ins wirtschaftliche Kalkül mit einbezogen würden. Oder wenn wir versuchen, den Schadstoffausstoß der Industrie zu verringern.

Sollen diese Selbstverständlichkeiten die neue Wirtschaft in einem neuen Zeitalter sein? Was verändert sich dann eigentlich?

Was nützt mir ein gutes Betriebsklima, wenn es dann ja doch wieder die Mobilität des Kapitals ist, die darüber entscheidet, ob ich entlassen werde oder nicht? Was soll denn das Betriebsklima?

Oder was nützt mir eine Stabilisierung des Schadstoffausstoßes, wenn sich trotzdem die Schadstoffbelastung in den nächsten fünf Jahren versechsfachen wird, allein deshalb, weil der Wald seine Filterwirkung verliert bzw. bereits verloren hat?

Oder was nutzt mir ein ökologisches Bewußtsein, wenn das Grenznutzenprinzip der Marktwirtschaft zur Verschwendung, zum Wegwerfen führen *muß*?

5.

Oder wenn ich die Entwürfe eines Naisbitt oder Gerken für die Wirtschaft von morgen betrachte:

Was nützt mir der Übergang einer Industriegesellschaft auf eine Dienstleistungsgesellschaft, wenn mich die Dienstleistungen noch mehr entmündigen? Dienstleistung heißt, daß ich immer mehr von dem, was ich ebensogut selber machen könnte und wahrscheinlich selber machen möchte, von anderen machen lasse. Dienstleistungsgesellschaft heißt, daß wir die extreme Arbeitsteilung der Industrie auf die übrigen Lebensbereiche übertragen.

Oder was nützt mir der Übergang von einer Industriegesellschaft auf eine totale Informationsgesellschaft? Wollen wir wirklich die totale Information und Kommunikation, wie sie auf diesem Kongreß von Kutter in Aussicht gestellt worden ist? Was hat dies mit einer neuen Zeit zu tun? Es ist doch genau die Gesellschaft, die die *heutigen* Politiker und Manager anstreben, eine totalitäre Gesellschaft, in der die Diktatur nicht von einer Person ausgeht, sondern von der Verfügungsmacht über die Informationsquellen und -medien. Ich will nicht noch mehr Information im heutigen Sinne, weil das, was mir geboten wird, mit wirklicher Information nicht das geringste zu tun hat. Je mehr ich mit Nachrichten irgendwelcher Art überhäuft werde, desto schlechter bin ich informiert. Nachrichten werden für mich erst dann zur Information, wenn ich die Nachricht beurteilen kann. Ich muß zumindest wissen, wer die Nachricht ausgewählt hat, wer sie übermittelt hat, über welche Medien er sie übermittelt hat, und welche kommerziellen und politischen Interessen hinter all diesen Abläufen stecken. Sonst wird die Nachricht zur Desinformation, zur Manipulation.

Noch krasser verhält es sich mit der Kommunikation. Kommunikation ist die Basis jeglichen menschlichen Zusammenlebens. Wie das Wort sagt, tausche ich mit meinem Mitmenschen Gemeinsames aus. Er muß mich, ich muß ihn erfahren können. Kommunizieren kann ich deswegen nur über meine fünf Sinne. Austauschen, eine Gemeinschaft bilden, kann ich mit meinem Mitmenschen nur dann, wenn ich ihn spüren, sehen, riechen, hören, schmecken kann. Ich muß sinnlich sein können. Sind wir dazu noch fähig und bereit? Wie denn in der heutigen Kunst-Welt,

- in klimatisierten Räumen, in denen ich nicht mehr spüre, ob es Winter oder Sommer ist,
- in Kunstlicht, wo ich nicht mehr weiß, ob es regnet, oder ob die Sonne scheint,
- in Betongebäuden, die mir keine Empfindungen mehr zulassen,
- umgeben von Kunststoff, den ich weder anfassen noch riechen kann,
- berieselt von Musik, die mich nicht erregt, sondern in einen Dämmerzustand versetzt,
- mit Muskeln, die ich nur noch im Fitnesscenter betätige,
- mit Füßen, die ich nur noch zum Jogging brauche,
- wo riechen mir nicht mehr möglich ist, weil alle Leute mit dem Deodorant ihren eigenen Körpergeruch zerstören.

Sinnlichkeit reicht noch nicht aus. Man muß auch fähig sein, seinen Gefühlen Ausdruck geben zu können.
Wie das in einer Welt,

- in der ich rational sein muß,
- in der ich mich nicht gehen lassen darf,
- in der ich mich ständig beherrschen muß,
- in der ich den anderen als Konkurrenten betrachten muß,
- in der ich die Kinder zu Aggressivität erziehen muß, die auf dem Prinzip der Gewalt beruht?

Aber auch wenn ich fähig wäre, Gefühle haben zu können, bereit wäre, den Gefühlen Ausdruck geben zu können: Was nützt es mir, wenn all das zerstört worden ist, was Kommunikation objektiv erst möglich gemacht hat, wenn die sogenannte Kommunikations-

Infrastruktur, um moderne Ausdrücke zu gebrauchen, nicht mehr
existiert?
- Parkplätze statt Dorfplätze,
- Autobahn statt Flanierstraße,
- Mac Donalds-Abfütterungsmaschinen anstatt Kneipen,
- Shoppingcenter statt Nachbarschaftsläden,
- der Mensch, der mir nur noch in Form einer Blechkiste entge-
  genkommt, die mich bedroht, dem ich ausweichen muß, statt
  daß ich ihm begegne,
- der Politiker, der mir nicht in der Versammlung Rede und Antwort stehen muß, sondern der mir seine sinnlosen Sprüche un-
  widersprochen direkt ins Wohnzimmer liefern darf?

Aber anstatt daß wir uns klar würden, was wir an Fähigkeit, Bereitschaft und objektiver Möglichkeit kommunizieren zu können,
zerstört haben, daß wir mit allen Mitteln verhindern, daß noch
mehr zerstört wird,
    daß wir alles unternehmen, um die Voraussetzungen zu schaffen,
die menschliche Begegnung wieder möglich zu machen;
    bauen wir irgend etwas Künstliches auf und nennen das dann
Kommunikation;
    gehen wir hin und gaukeln uns selber vor, daß das, was wir
mit Fernsehen, Radio, Massenpresse und Werbung machen, moderne Kommunikation sei. Kommunikationstechnologie ist ein
Widerspruch in sich selbst. Je mehr Technik zwischen mir und
meinen Mitmenschen steht, desto weniger ist Kommunikation
möglich.

Aber wir merken es kaum, weil man das Neue nun als Kommunikation bezeichnet. Einmal mehr lassen wir uns bestimmte techni-
sche Entwicklungen vorgeben, und zwar einzig und allein, weil es
für die Wirtschaft rentiert – Gewinn ist auch hier der einzige Steuerungsfaktor für gesellschaftliche Entwicklungen. Uns bleibt nur
noch übrig, darüber zu diskutieren, ob diese Technologien nun po-

sitive oder negative Auswirkungen haben werden, und wie wir die einen oder anderen Auswirkungen verstärken können.

Und schon übernehmen die New Age-Experten all die Verheißungen der Industrie und versprechen uns das Paradies. Statt daß wir uns überlegen, wie wir uns eigentlich eine menschliche Gemeinschaft vorstellen, ob wir dazu irgendwelche technischen Hilfsmittel brauchen und was wir vorkehren müssen, damit nicht die Technik die Gemeinschaft zu dominieren beginnt.

Der New Age-Bewegung liegt letztlich eine grenzenlose Technologiegläubigkeit zugrunde. Ferguson schwärmt geradezu: „Niemand ahnte, wie schnell der technologische Fortschritt zum Nutzen des Individuums eingesetzt würde, wie schnell uns Kommunikation und Verständigung möglich sein würden."

Ist es da erstaunlich, daß es bald einen New Age-Fernsehsender mit eigenem Satellitenanschluß geben wird?

Wassermann – das Zeitalter der Technologie? Was soll da neu sein?

Zurück zu den Visionen von Naisbitt und Gerken.

Was nützt uns das Versprechen, der Computer erlaube mir eine Abkehr von den Massenserien in der Produktion zugunsten von Kleinserien, „um ein Höchstmaß an zielgruppenspezifischer Stimmigkeit zu garantieren" (Gerken). Was ist das denn anderes, als die Perfektionierung der traditionellen Marktorientierung mit dem einzigen Zweck, Umsatz und Gewinn weiter steigern zu können?

Was nützt mir die Aussicht, die Mikroelektronik werde der Wirtschaft helfen, ihr „neues Ziel" zu erreichen: „Optimale Befriedigung der Bedürfnisse und Wünsche mit dem geringstmöglichen Aufwand an Arbeit, Energie oder Ressourcen"? Was soll daran neu sein? War das nicht seit jeher die Aufgabe der Wirtschaft? Daran hat noch nie jemand Anstoß genommen.

Die Problematik liegt bei den „Bedürfnissen und Wünschen", die von der Wirtschaft ständig neu geschaffen werden müssen, damit sie im heutigen Sinn gedeihen kann. Daran ändert die Mikroelektronik nichts – im Gegenteil!

Oder was nützt mir eine noch verstärkte Automatisierung, wie es bei Naisbitt verlangt wird, wenn der Mensch nachher noch mehr isoliert wird? Was nützt mir eine weltweite Arbeitsteilung, wie es postuliert wird, wenn die Ware ja trotzdem aufgrund der Mechanismen dieser Wirtschaft nicht dahin fließt, wo sie gebraucht wird, sondern dahin, wo das Geld ist?

Oder was nützt mir die langfristige Planung, die in den New Age-Konzepten für die Wirtschaft der neuen Zeit gefordert wird? Wer soll denn diese Wirtschaft planen? Wer ist der „Große Bruder", der für die Einhaltung des Plans sorgt? Wo liegt der Unterschied zur heutigen Planung durch die Top-Manager der kapitalistischen Wirtschaft oder durch die Top-Funktionäre der sozialistischen Staaten?

6.

Und trotzdem hat New Age natürlich Recht mit den Gegenüberstellungen:

hier bisherige Wirtschaft,

dort Wirtschaft des Wassermannzeitalters,

aber eben nicht, wie Wirtschaft sein wird, wie Wirtschaft sich transformieren wird, allein, weil die Sterne heute so stehen,

sondern wie Wirtschaft sein müßte,

wenn wir die Katstrophe vermeiden wollen, wenn wir ganz schlicht und einfach überleben wollen;

eine Wirtschaft,

- die die Natur nicht zerstört,
- die auf die kommenden Generationen Rücksicht nimmt,
- die auf erneuerbaren Ressourcen aufgebaut ist,
- die Permakultur zu ihrem Prinzip erhebt,
- die „ökonomisch" nicht mit dem einzigen Faktor Kapitalein-
  satz bemißt, sondern bei deren Verständnis von „wirtschaft-
  lich" alle beteiligten Faktoren mit einbezogen werden,
- die auf dem Prinzip des Kreislaufs beruht und so weiter und so
  fort.

Weshalb haben wir eigentlich nicht *diese* Wirtschaft, die ja viel
sinnvoller, menschlicher, gerechter, ökonomischer wäre? Oder um-
gekehrt gefragt: Wie kommt der Mensch denn überhaupt dazu, eine
Wirtschaft als sinnvoll zu bezeichnen, die die Wälder vernichtet, die
Flüsse und Meere vergiftet, die Böden unfruchtbar macht, den
kommenden Generationen erschöpfte Ressourcen und Müll hinter-
läßt, die Armen immer ärmer und die Reichen immer reicher
macht? Stimmt es denn, daß wir all dies in Kauf zu nehmen hätten,
weil es uns doch so gut gehe wie noch nie zuvor? Stimmt es, daß es
sogenannte Sach- und Systemzwänge sind, die uns gar keine anderen Möglichkeiten offen lassen, als eine solche verbrecherische
Wirtschaft zu akzeptieren?

Ist denn dieser ganze Wahnsinn nicht erst das Ergebnis einer kur-
zen Periode der Menschheitsgeschichte?

Gab und gibt es denn „die andere Wirtschaft" nicht schon unzählige Male, und in den vielfältigsten Formen?

Was wäre wirklich neu an dieser Wirtschaft, wie sie sein müßte?

Oder übertragen auf die ganze New Age-Bewegung: Alles, was
New Age als das große Neue prophezeit, war ja schon längst einmal
da. Es gab doch Gesellschaften und Kulturen
- mit einem ganz anderen Bewußtsein,
- die sich als Teil der Natur empfanden,

- bei denen es in der Pädagogik um das Kind ging und nicht um den Willen der Erwachsenen,
- bei denen die Medizin psychosomatisch ganzheitlich war – wie wir es heute so edel bezeichnen,
- die auf dem Prinzip der Bedürfnisbefriedigung aufgebaut waren,
- in denen die Menschen mit- und füreinander lebten und nicht gegeneinander?

Die New Age-Experten selber bestätigen es immer wieder. „Es geht um das Wiedergewinnen und Anerkennen uralter Kenntnisse" (Golowin).

„Es geht darum, uralte Erkenntnisse wieder anzuwenden" (Vilolda). Und sogar Ferguson betont, es gehe darum, uns Einsichten über Gesundheit „aus anderen Kulturen" zugänglich zu machen. In der Erziehung müßten wir „traditionelle Lehrmethoden, Mittel und Perspektiven" wiederentdecken. Wir müßten uns „uralte Strategien" zu eigen machen.

„Die Verschwörung des Wassermanns wurzelt in den Mythen und Metaphern, den Prophezeiungen und der Poesie der Vergangenheit."

Aber dann ist es doch unsinnig,
von neuen Entwicklungen zu sprechen,
von Bewußtseinssprüngen zu sprechen,
von einem neuen Zeitalter zu sprechen,
von einem neuen ganzheitlichen Weltbild zu sprechen,
von einem neuen Selbstverständnis zu sprechen,
von einer Wissensexplosion zu sprechen, die völlig neue Zusammenhänge aufdecken werde.

7.

Die Krise der Neuzeit ist eine Krise der Wahrnehmungen, keine Krise des menschlichen Bewußtseins. Es sind nicht versteckte Denkmuster und Gefühlsstrukturen, die unser heutiges verhängnisvolles Handeln nach sich gezogen haben, sondern es sind *gewollte* Denkmuster und Gefühlsstrukturen.

Wir wollten es doch so!
Wir wollten es so, wie es heute ist!

Und an all dem sollen nun der alte Newton und der arme Descartes Schuld sein, deren falschem, mechanistischem Weltbild die ganze Menschheit nachgelaufen sein soll?

Nein, der weiße Mann wollte es so.
Nein, der weiße europäische Mann wollte die Welt beherrschen.
Nein, der weiße Mann wollte in seinem Gotteskomplex (Horst Eberhard Richter) sich über die Schöpfung erheben, er wollte all die Kulturen und Gesellschaften zerstören, die seinem Größenwahn im Wege standen.

Wir haben die Indianer umgebracht, um nur ein Beispiel zu nennen. Wir haben ihnen ihren Lebensraum geraubt. Wir haben sie gezwungen, sich unserer Lebensweise zu unterziehen. Und nun sind wir weißen Männer – auch wenn wir gelegentlich in der Gestalt weißer Frauen auftreten – plötzlich die Suchenden, und erwarten von den Indianern, daß sie uns ihr Wissen zur Verfügung stellen, weil trotz unserer Zerstörerwut „die indianische Überlieferung die Lehren der Altsteinzeit ungebrochen bewahrt hat", um die Worte von Kaiserlingk zu gebrauchen.

Welcher New Age-Experte hat sich in der Bewegung zur Befreiung der Indianer engagiert? Das wäre doch ein erster, wichtigster Schritt. Nein, man will ja nicht die Indianer befreien, man will ja nur deren Wissen, denn wir weißen Männer sind es ja wieder, die in das neue Zeitalter eintreten; wir sind es wieder, die die neue Zeit gestalten wollen. Neu ist nur, daß wir jetzt beide Gehirnhälften gebrauchen wollen und die Frauen auch etwas mitmachen dürfen.

Diese Arroganz des weißen, westlichen Menschen!

Man wollte es so, wie es heute ist, und die Männer und Mann-Weiber, die an der Macht sind, wollen es noch immer so, wie es heute ist, und wollen es auch in Zukunft noch immer so, wie es heute ist.

Also geht es nicht um neue Werte, es geht um den Kampf gegen das oder die, die diese sogenannten „anderen Werte" zerstört haben und weiter zerstören.

8.

Müssen wir diese „anderen Werte" überhaupt in anderen Kulturen und früheren Gesellschaften suchen? Wären denn diese „echten Werte" nicht alle in uns drin?

Ferguson schreibt: „Der erweiterte Zustand des Bewußtseins (also der Zustand, den man uns für das Wassermannzeitalter verheißt, H.A.P.) erinnert viele an Erfahrungen, die sie während der Kindheit gemacht hatten, damals, als alle Sinne intensiv und offen waren."

Ja! Einverstanden! Werdet wie die Kinder – heißt es. Also sind die Fehlentwicklungen unserer Gesellschaft nicht das Ergebnis eines falschen Bewußtseins oder eines falschen Weltbildes nach Newton und Descartes – sondern die Eigenschaften und Werte, die wir bräuchten, um menschlich, demokratisch, christlich miteinander und im Einklang mit der Natur leben zu können, werden uns bewußt ausgetrieben.

Die heutige Situation ist nicht das Ergebnis falscher Werte, denen wir irrtümlicherweise nachgerannt sind, weil Newton und Descartes sich einen Unsinn ausgedacht hatten. Von wo kommen denn alle diese Werte?

Auch bei Capra scheinen sie das Ergebnis irgendwelcher kosmischen Konstellationen zu sein. Wie käme er sonst zu der Aussage: „Die ‚unausgeglichenen‘ Wertvorstellungen haben sich in unseren gesellschaftlichen Institutionen eingenistet.“ Haben sie sich einfach von selber eingenistet? Schule, Kirche, Staat, Militär, Polizei und wie all die Institutionen heißen, die den Menschen unterdrücken, sind nicht die Folge bestimmter Werte, sondern die Herren, die die Macht über diese Institutionen haben, bestimmen die Werte, nach denen wir uns zu richten haben. So auch in der Wirtschaft.

Es ist nicht so, wie es uns die New Age-Theoretiker weismachen wollen, daß die Wirtschaft entsprechend einem System von Werten funktioniere. Den Herren, die über die Wirtschaft verfügen, geht es einzig und allein um ihre Macht und ihren Profit. Diese Herren bestimmen darüber, wie Wirtschaft zu sein hat. Damit bestimmen sie auch über die Eigenschaften, die wir haben müssen, damit die Wirtschaft in ihrem Sinne funktioniert. Und schon sind Arbeit, Besitz, Haben, Leistung Grundwerte unserer Gesellschaft, denen wir verpflichtet sein müssen.

Darum nützt es mir nichts, die Werte allein in Frage zu stellen. Oder die Probleme gar zu individualisieren. Nicht die Werte müssen geändert werden, sondern diejenigen müssen weg, die diese Werte bestimmen und die Macht haben, uns diese Werte beizubringen. Nehmen wir das Beispiel Schule:

Ist die heutige Schule wirklich das Ergebnis eines falschen Weltbildes, oder gar unfähiger Lehrer mit einem falschen Bewußtsein, Lehrer, die den Paradigmenwechsel noch nicht vollzogen haben? Was stimmt denn mit dieser Schule nicht?

Jedes Kind lernt gerne.

Jedes Kind lernt mit Begeisterung.

Jedes Kind will nachmachen, nachahmen.

Jedes Kind lernt das, was es braucht zum Leben, völlig freiwillig: essen, trinken, spielen, Hütten bauen, Schneemänner machen.

Es lernt freiwillig und mit Begeisterung, bis es in die Schule kommt, dann ist es aus. Dann braucht das Kind von einem Tag auf den anderen Selektionszwang, Notenzwang, Hausaufgabenzwang. Ohne diesen Zwang wäre es zu faul zum Lernen.

Jedes Kind ist unglaublich kreativ. Schauen sie wieder einmal einem Kleinkind zu, welche Märchenwelten es mit seinen Tannenzapfen im Sandkasten gestaltet. Es ist fähig, seinen Empfindungen Ausdruck zu geben. Bis es in die Schule kommt. Dann ist wieder Schluß.

Nach einem Jahr hat es 50 % seiner kreativen Fähigkeiten verloren, nach 10 Jahren Schule hat es nach neuesten Ergebnissen noch 10 % seiner kreativen Gestaltungs- und Ausdrucksfähigkeit von früher. Es muß ja immer nur noch wiedergeben, repetieren.

Jedes Kind ist fähig, seinen Gefühlen Ausdruck zu geben, es ist emotional, es lebt aus dem Bauch heraus. Bis es in die Schule kommt, dann ist auch das Schluß. Von einem Tag auf den anderen heißt es: benimm dich, nimm dich zusammen, man läßt sich nicht so gehen, der Junge weint doch nicht, das Mädchen pfeift doch nicht, und so weiter und so fort. Das Kind muß von einem Tag auf den anderen rational sein, mit dem Kopf arbeiten, den Bauch ausschalten. Jedes Kind hat ein ungeheueres Bedürfnis nach körperlicher Betätigung. Von einem Tag auf den anderen aber muß es ruhig sitzen, darf sich nicht bewegen, muß die Hände ruhig halten, darf nicht scharren unter dem Tisch. Nicht einmal in der Pause darf es herumtoben, man benimmt sich doch nicht so auf dem Pausenplatz.

Jedes Kind lebt ganzheitlich. Es will das Ganze im Leben. Und plötzlich soll es sich schon ganz früh entscheiden. Es muß sich spezialisieren, damit es etwas wird.

Jedes Kind lebt solidarisch. Jedes Kind will mit anderen Kindern zusammen sein, es will Gruppen bilden, es will Kameraden haben. Von einem Tag auf den anderen ist auch damit Schluß. Es muß gegen das andere arbeiten, kein Kind wird in der Schule an seinen eigenen Fähigkeiten gemessen. Kein Kind wird daran gemessen, ob es mit anderen zusammen sein, zusammen arbeiten kann, es wird nur daran gemessen, ob es besser ist als andere. Von einem Tag auf den anderen muß es schöner schreiben als das andere, schneller rechnen als das andere, weiter springen als das andere, heller singen als das andere. Und wenn es ihm gelingt, das andere zu übertrumpfen, mit anderen Worten, das andere zu unterdrücken, dann steht ihm das Leben offen, dann ist es ein guter Mensch.

Hat die Schule denn keinen anderen Auftrag, als all das aus uns auszutreiben, was uns als Menschen ausmachen würde, was uns als Individuen ausmachen würde? Und dies alles nur, weil Lehrer den falschen Paradigmen anhängen? All das nur, weil die Lehrer ein falsches Bewußtsein haben? Oder ist es nicht schlicht und einfach so, daß jemand bestimmt, wie wir zu sein haben, was wir zu tun haben, was wir zu wissen haben, damit wir einmal gute Glieder dieser Gesellschaft sind?

Schule hat sich noch nie an den Kindern orientiert. Schule war noch immer Spiegelbild der Gesellschaft. Schule hatte noch nie einen anderen Auftrag, als Reproduktionsanstalt der bestehenden Strukturen zu sein, und dafür zu sorgen, daß an den Machtverhältnissen nichts verändert wird. Die Schule liefert das Menschenmaterial, das die Mächtigen brauchen, um ihre Macht zu verstärken.

9.

Aber es ist ja nicht nur die Schule. „Der Mensch ist böse." So lautet die richtige Antwort auf die Frage im Religionsunterricht, ob der Mensch gut oder böse sei. Sie war Anlaß zu meiner ersten, tiefgreifenden Rebellion. Ich befand mich mitten in einer unerhört positiven Aufbruchstimmung, trotz oder vielleicht gerade wegen der Pubertätsprobleme, die alles bisherige in Frage stellten. Ich glaubte an meine Zukunft, das Kriegsende öffnete die Welt. Kameradschaften und Freundschaften schufen Beziehungen, die endlich die Elternbindung zu lösen erlaubten. Die fordernde Sexualität versprach bisher Unvorstellbares. Und nun die Ohrfeige von „höchster Instanz", denn der Religionslehrer, der Pfarrer, verkörperte doch – so war es uns beigebracht worden – die höchste Autorität, das A und O unseres Lebens: „Du bist böse, deine Freunde und Freundinnen sind böse, deine Mitmenschen sind böse!" Ich begann mich zum erstenmal grundsätzlich zu verweigern. Vom Verstand her konnte ich es wohl noch kaum erfassen. Das Gefühl sagte mir, auf dieser Basis wirst du nie ein eigenes Leben gestalten können. Wenn diese Voraussetzung stimmt, ist es unmöglich, gemeinsam mit deinen Mitmenschen eine Zukunft aufzubauen. Du wirst immer von der Autorität abhängig sein, die darüber befindet, wie du dich zu verhalten hast, um „gut" zu werden. Ein Leben in Angst, böse zu bleiben? Ein Leben unter dem Zwang, den Anforderungen der „Autorität" gerecht werden zu müssen? Ein Leben in Schuldgefühlen, zu wenig zu leisten, nicht zu genügen, immer wieder zu versagen? Angst und Schuld als Basis meines Lebens?

Was ich intuitiv nicht erfassen konnte: Schuldgefühle und Angst sind in dieser, unserer Gesellschaft nötig; ihre Prinzipien, Strukturen und Abhängigkeiten wären sonst nicht möglich. Angst ist nötig, um „freiwillig" zu gehorchen. Angst ist Voraussetzung der „freiwilligen" Unterordnung. Schuldgefühle bringen mir bei, daß Eltern und Lehrer mich erziehen müssen. Schuldgefühle lassen mich Strafe akzeptieren. Schuldgefühle machen mich abhängig von der „Autorität". „Du willst nicht mehr böse sein? Komm, wir sagen dir, wie du dich zu verhalten hast!"

Ferguson hat völlig recht, wenn sie schreibt: „Unsere natürliche Kraft wurde von Angst geschwächt." Klar! Aber diese Angst ist doch nicht das Ergebnis kosmischer Einflüsse. Angst ist *bewußt* geschaffen. Angst vor den Mächtigen ist die Basis unseres Systems.

Dann ist es zynisch, die Probleme individualisieren zu wollen. Es ist zynisch, dem einzelnen Menschen diese Angst vorzuwerfen. Es ist zynisch, dem einzelnen Menschen vorzuwerfen, er delegiere seine persönliche Kompetenz an irgendwelche Experten, Beamte und Politiker, weil er „Angst vor der Verantwortung" habe. Wie soll ich Verantwortung tragen können, wenn ich mein Leben lang auf Pflichterfüllung dressiert worden bin? Pflichterfüllung ist das Gegenteil von Verantwortung.

Es ist zynisch, zu behaupten, „wir geben unsere Macht her oder wir beanspruchen sie nicht einmal, um Entscheidungen und Verantwortung umgehen zu können. Wir werden vom Prinzip der Schmerzvermeidung, der Konfliktvermeidung verleitet." So kann nur jemand sprechen, der selber noch nie fremder Macht unterworfen war.

Was heißt denn das die ganze Zeit:
„*Wir* haben unsere Macht abgegeben.
Wir haben die Regierung beauftragt.
Wir haben der Regierung mehr Verantwortung aufgebürdet.
Wir haben unsere Selbständigkeit an den Staat abgetreten.
Wir haben die Regierung gezwungen, Funktionen zu übernehmen, die vorher von Menschen ausgeübt wurden."

Der einzelne Mensch ist selber schuld. Reagan läßt grüßen: „Wer arm ist, ist selber schuld." So argumentieren alle Mächtigen. Es ist auch das ständige Argument der Manager in der Wirtschaft. „Ob sich etwas verändert in unserer Wirtschaft, hängt einzig und allein vom Verbraucher ab. Wir Wirtschaft richten uns nach dem Verhalten und den Wünschen der Konsumenten. Wir Wirtschaft sind nur exekutiv; wir können nichts dafür."

Man investiert Milliarden und Milliarden, man nimmt Einfluß auf die Politik, man setzt die Medien unter Druck, man beschäftigt Heerscharen von Werbefachleuten, Verkaufspsychologen und andere Lakaien, um die eigenen kommerziellen Interessen durchsetzen zu können, und um uns auf das gewünschte wirtschaftskonforme Verhalten zu bringen, und nachher sind wir selber schuld.

Wenn der Wald stirbt, sind wir selber schuld; wir müssen nur weniger Auto fahren oder die Geschwindigkeit herabsetzen. Die Wirtschaft aber forciert die Automobilproduktion, wie sie nur kann, forciert die schnellen, starken Wagen, setzt die Politiker unter Druck, noch mehr Autobahnen zu bauen und den öffentlichen Verkehr zu reduzieren, sorgt dafür, daß unsere Lebensbereiche noch mehr zergliedert werden, so daß wir nicht mehr ohne Autos auskommen können. Doch du bist selber schuld!

Wenn durch immer noch mehr Kraftwerke Naturlandschaften zerstört und wir alle durch Atomkraftwerke bedroht werden, sind wir selber schuld; wir müssen nur weniger Energie verbrauchen. Die Wirtschaft aber wirft immer noch mehr Elektrogeräte auf den Markt, bringt uns bei, wie einfach Elektroheizungen zu bedienen seien, bringt den Staat dazu, zwar Atomkraftwerke zu finanzieren, aber auf keinen Fall die Isolation von Häusern, steigert ihre Gewinne durch den Export von Strom. Doch du bist selber schuld!

Wenn die Dritte Welt durch die Industrieländer ausgebeutet wird, sind wir selber schuld; wir müssen nur weniger Fleisch essen und auf exotische Produkte verzichten. Die Wirtschaft aber macht aus dem Fleischkonsum einen Wertmaßstab (die armen Polen haben nur die Hälfte Fleisch zu essen!), kauft riesige Ländereien in der

Dritten Welt auf, und ersetzt die Produktion von Nahrung für die Bevölkerung durch Monokulturen für den Export, bietet exotische Früchte billiger an als einheimisches Obst, rodet für ihren Gewinn die tropischen Regenwälder, setzt über die Weltbank und den Währungsfond die Regierungen unter Druck, noch mehr für die Ausfuhr produzieren zu müssen. Doch du bist selber schuld!

Genau so argumentiert auch die New Age-Bewegung.

Was, es geht dir nicht gut? Es geht dir nicht gut in deinem Ausgeliefertsein?

Was, du hast Angst? Wovor denn?

Was, du verzweifelst oft fast angesichts des Wahnsinns der Politiker?

Was, du bist nicht zufrieden mit deiner stumpfsinnigen Arbeit, die dich völlig kaputtmacht?

Du bist selber schuld! Du hast ein falsches Bewußtsein! Du hast die falschen Werte!

Und schon haben sie dich bei diesen Schuldgefühlen – du bist nicht so, wie du sein solltest! Doch nur keine Angst; es macht nichts, wenn du noch nicht so bist. Wir zeigen dir, was du zu tun hast. Wir verhelfen dir zu deinem neuen Bewußtsein.

Schau doch mal, was wir dir alles anbieten: Meditation, Rolfing, LSD, Kreativitätstechniken, Gruppendynamik, Psychotechnologien, Bio-Feedback. Oder noch viel einfacher: „Kioske in Warenhäusern und Flughäfen bieten die Weisheit der Zeitalter als Taschenbuch an."

„Spezielle Vorlesungen der Universitäten und Seminare, Volkshochschulkurse und kommerzielle Zentren warten mit Techniken auf, die dem Menschen helfen, sich mit neuen Quellen, persönlicher Energie, Wegen zur Vervollkommnung und Harmonie zu verbinden" (Ferguson). Suche nach deinem Selbst! Du mußt dein Selbst entdecken.

Nein, ich muß mir klarwerden können, wer und was mein Selbst, mein Selbstbewußtsein, meine Selbstsicherheit, meinen Willen und meine Fähigkeit, ich selber zu sein, kaputtgemacht hat und warum. Dann habe ich keine Schuldgefühle mehr, sondern kann den Kampf aufnehmen gegen diejenigen, die mich so haben wollten, wie ich bin. Nur so kann ich verhindern, daß ich die Zwänge, die mich kaputtgemacht haben, meinen Kindern weitergebe.

10.

Kampf? Um Himmels willen, nein. Im Gegenteil, keine Konfrontation, Rückzug auf dich selbst, sagt die New Age-Bewegung. Die neue Innerlichkeit, das ist die Lösung! Zurück zum Gebet, wie es die jungen, angepaßten Theologen fordern, um sich nicht engagieren zu müssen. Das müde Lächeln der Softies, um den Konflikten auszuweichen. Die ekstatische Verzückung, wenn Bhagwan rülpst, um die Augen schließen zu können.

Vergeistigung statt des materialistischen Trends, heißt es bei New Age. Sagen Sie das einem Familienvater auf dem Existenzminimum, einem Sozialhilfeempfänger, einem Arbeitslosen. Elitärer geht es nicht mehr.

„Der Mensch mit einer inneren Berufung findet eine Arbeit" (Ferguson).

All die Leute, die den Dreck, die notwendige Idiotenarbeit unserer Gesellschaft machen, haben also ihre innere Berufung noch nicht entdeckt.

„Sobald das Ego nicht länger bestimmend ist, fällen wir weniger Werturteile über den Status unserer Arbeit. Wir stellen fest, daß in jeder menschlichen Art von Tätigkeit ein Sinn gefunden und ausgedrückt werden kann."

Na klar, der Bergarbeiter mit seiner Staublunge, der Asbestarbeiter mit seinem Krebs, der Waldarbeiter mit seinem Gehörschaden, der Chemiker mit seinen Vergiftungen, sie haben den „Sinn" nicht gefunden, die Supermarktkassiererin, der Fließbandarbeiter, die Tipperin, haben die „Ganzheit ihrer Arbeit" nicht erkannt.

Aber das spielt eigentlich gar keine Rolle, die Arbeit an sich ist das entscheidende. „Erst die Arbeit macht ein vollkommenes Leben aus" (Ferguson). Millionen Arbeitslose lassen grüßen. Oder meint sie es so, wie die schweizerische Lehrerzeitung es schreibt: „Jemand, der keine Arbeit hat, leidet darunter. Diejenigen, die von ererbtem Vermögen leben, sind nicht zu beneiden."

Ach, die armen Reichen, die nicht arbeiten dürfen; ach, der arme Gunter Sachs, die arme Caroline von Monaco, ach, der arme Prinz von England; sei froh, daß du arm bist und arbeiten darfst!

„Erkennen der fundamentalen Gemeinsamkeit: das Menschsein. Jeder mit seinen individuellen Fähigkeiten und Schwächen. Beruf, Titel und Ehrenbezeichnungen gehören dem ‚äußeren' Bild des Menschen an. Sein inneres Menschsein liegt auf einer anderen Ebene" (Friebe). Mit anderen Worten: auf das Äußere kommt es nicht an. Das Äußere ist zwar deine konkrete Wirklichkeit, aber laß doch die Mächtigen, die über deine konkrete Wirklichkeit bestimmen. Wichtig ist dein Inneres.

„Wir sind nichts anderes als Schachfiguren des lieben Gottes ... Jeder wird an einen Platz gestellt und hat sich dort zu bewähren ... Nichts Ungerechteres als der liebe Gott! Er hat eigene Gesichtspunkte, wen er erwählt. Wenn irgendwo ein Mensch gebraucht wird, dann stellt Gott eben einen an den leeren Platz... Es ist nicht so wichtig, ob ich an den lieben Gott glaube. Wichtig ist nur, ob der liebe Gott an mich glaubt."

Diese Aussage eines der reaktionärsten Topmanager der Schweiz, gleichzeitig einflußreicher Parlamentarier, hoher Offizier, Parteipräsident, Großbankaufsichtsrat und, und, und ... kommen mir in den Sinn. Meine Macht ist gottgewollt. Seid zufrieden in eurer Ohnmacht – Gott hat es so gewollt. Der einzige Unterschied: beim faschistischen Topmanager ist es der Herrgott, bei den New Age-Leuten sind es die Sterne.

Geht New Age nicht noch weiter als die Manager? Die Manager sagen: „Die Frau am Fließband ist doch glücklich – sie weiß nichts anderes." New Age sagt: „Die Frau am Fließband soll doch glücklich sein – in ihrer Arbeit liegt ein Sinn."

Die Grundhaltung ist dieselbe. In den Managementkursen wird die Maslowsche Bedürfnispyramide doziert: Die unterste Stufe in der menschlichen Existenz sind die physiologischen Bedürfnisse: essen, trinken, Fortpflanzung – wie es gediegen heißt. Wenn diese Bedürfnisse befriedigt sind, kommt die nächste Stufe: die soziale Sicherheit ––– und so weiter, bis man schließlich die höchste Stufe erreicht hat: die Stufe, wo es um die sogenannte Selbstverwirklichung geht, wo es darum geht, sich selber sein zu können.

Der Gipfel der Überheblichkeit! *Wir* stehen selbstverständlich auf der obersten Stufe. *Wir* können und wollen wir selber sein. Doch der da unten, der ist doch zufrieden, wenn er zu essen und zu trinken hat und seine Geschlechtsnöte abreagieren kann.

Statt daß wir die einzige menschliche Haltung einnehmen würden: auch derjenige, bei dem es um die blanke Existenz geht, bei dem es darum geht, einfach überleben zu können, hat ein Recht darauf, sein eigenes Leben leben zu können. Auch er hat ein Recht darauf, er selber sein zu können.

Doch nein: Gott oder die Sterne wollen es anders. Jeder an seinem Platz!

11.

New Age verdrängt die Machtfrage. Sie ist für New Age einfach nicht existent. Wie kommt man dazu, Hunderte von Seiten über „Wendezeit" zu schreiben, und das Machtproblem nicht einmal anzudeuten? Solange man sich mit Metaphysik, Kosmos, Bewußtseinserweiterungen, falschem Denken irgendwelcher früheren Wissenschaftler usw. befaßt, mag man sich um die Machtfrage herummogeln. Sobald man sich mit dem Problem Wirtschaft befaßt, geht's nicht mehr.

Natürlich finden wir in der New Age-Literatur den Begriff „Macht". Um der wirklichen Machtfrage auszuweichen, macht man aber den Trick: Macht ist Energie. Also verfügt jeder Mensch über Macht. „Die Macht fließt aus einem Zentrum im Inneren, einem geheimnisvollen Allerheiligsten, das mehr Wert ist als Geld, Name oder Geleistetes" (Ferguson).

Noch nie etwas gehört
– von struktureller Gewalt,
– von Machtstrukturen,
– von Gewaltmonopol?
Ach, nein, kein Problem! Da kommen uns dann die UFOs zu Hilfe! Ist New Age so naiv?
Wenn es mit der Naivität getan wäre, dann ginge es ja noch! Aber ist New Age nicht gefährlich?

Selbstverständlich kommt die neue Zeit.
Selbstverständlich stecken wir mitten in einer Wendezeit.
Selbstverständlich befinden wir uns im Übergang zu einem anderen Zeitalter, das sich grundsätzlich von heute unterscheiden wird. Wir können es Wassermannzeitalter nennen, oder nachindustrielle Zeit, oder die Nachmoderne, oder wie auch immer.

New Age kommt.

New Age kommt, aber es geht nicht so, es darf nicht so gehen, wie es die New Age-Leute in ihrer Naivität glauben oder aufgrund ihrer kommerziellen Interessen wollen.

12.

Wir befinden uns am Anfang einer gigantischen gesellschaftspolitischen Auseinandersetzung. Man ist sich dessen noch viel zu wenig bewußt. Es ist nicht mehr eine Auseinandersetzung, die einfach über das Gehirn abläuft, über die Rationalität abläuft. Es ist eine gesellschaftspolitische Auseinandersetzung, die auch nicht mehr zwischen links und rechts abläuft, wie man es uns immer noch glauben zu machen versucht. Es ist ja völlig absurd, eine Bevölkerung immer noch vertikal aufteilen zu wollen: das sind jetzt Linke, das sind Rechte, und das sind Mittlere. Die ganze Auseinandersetzung läuft doch völlig anders ab: es ist eine Auseinandersetzung zwischen Oben und Unten. Oben immer noch die Experten, Wissenschaftler, Professoren, Bischöfe, Manager, Politiker, die uns sagen wollen, wie wir uns zu verhalten haben, die letztlich über unser Leben verfügen, wie sie es jahrhundertelang gemacht haben.

Und unten nun zum erstenmal in der Menschheitsgeschichte, wirklich zum erstenmal in der Menschheitsgeschichte, nicht einzelne Bevölkerungsgruppen, nicht Bevölkerungsklassen und so weiter, so wie es die Bauernkriege waren, sondern riesige Teile des Volkes, der Basis an sich. Millionen Menschen die sagen: Nein, Schluß, nicht mehr mit uns, wir machen es selber! Alles das, was in unserer heutigen Gesellschaft geschieht an Basisgruppen, an Basis-

gemeinden, an Basisbewegungen, an Selbsthilfegruppen, an Alternativgruppen und so weiter sind Ausdruck dieses Versuches, endlich sich selber sein zu können, sind Ausdruck dieser Emanzipation
des Menschen. Das ist eine Erscheinung, die nicht nur auf die Bundesrepublik Deutschland oder die Schweiz zutrifft, es ist eine weltweite Erscheinung. Es beginnt bei Solidarność, geht weiter über alle
unsere Alternativ- und Basisbewegungen, geht über nach Greenham Common, nach Comiso in Sizilien, weiter bis zu den Befreiungsbewegungen in Südamerika. Überall genau die gleiche Erscheinung: Wir machen es selber!

Ich erinnere mich an ein Treffen im November 1983. Da sollte
wieder einmal dieser Volkstrauertag in der Bundesrepublik gefeiert
werden. Etwas zynischeres gibt es wohl nicht, als wenn die Deutschen ihrer Gefallenen gedenken, statt der Gefallenen derjenigen
Völker, die sie überfallen haben. Und deshalb haben wir versucht,
diesen Volkstrauertag umzufunktionieren in einen Volkswiderstandstag. Wir haben uns zusammengefunden mit dem einen
Thema: „Wie können wir Widerstand leisten, wie können wir das
Neue aufbauen?" Und da war es für mich schon ein unheimliches
Erlebnis, als plötzlich ein Junge aufsteht und sagt: „Ich komme von
Solidarność", und er hat seine Situation geschildert.

Dann steht eine Frau auf, die schon jahrelang vor dem Depot in
Greenham Common liegt, und schildert ihre Situation. Dann steht
ein Junge auf und sagt: „Ich komme aus der Opposition von Chile."
Überall genau dieselbe Situation, überall geht es um das Anliegen
des Menschen: Wir machen es selber, wir lassen uns nicht mehr
vorschreiben, wie wir uns zu verhalten haben.

13.

Der Unterschied zwischen den Ansätzen der New Age-Bewegung und dem, was ich die heutige gesellschaftspolitische Auseinandersetzung nenne, besteht letztlich im Glauben der New Age-Bewegung an das bestehende System, an die bestehenden Strukturen. Nur das Bewußtsein derjenigen, die an der Macht sind, muß sich ändern.

Wie wenn sich je ein System über das System selber hätte grundsätzlich umgestalten lassen. Trotz aller Beteuerungen, man wollte das System nicht nur reformieren, sondern transformieren, also revolutionieren, glaubt New Age letztlich doch an die bestehenden Strukturen.

- Es sind wieder Experten – allerdings mit einem anderen Bewußtsein –, aber es sind wieder die Experten, die sagen, was zu sein hat, statt daß wir sagen: Nein, ich will keine Experten, es reicht, was ich selber erfassen kann.
- Es sind ja wiederum die Generäle – allerdings mit einem anderen Bewußtsein –, aber es sind ja wieder die Generäle, die uns sagen, wie nun Frieden auf der Welt zu schaffen sei.
- Es sind ja wiederum die Wissenschaftler – allerdings mit einem anderen Bewußtsein –, aber es sind wieder die Wissenschaftler, die mit ihrem Wissen darüber entscheiden, was richtig ist und was nicht, statt daß wir erkennen, daß es die Wissenschaft, das Wissen-Wollen an sich ist, das uns in die Sackgasse geführt hat; daß es darum gehen würde, statt zu wissen, zu verstehen. Und verstehen kann ich nur durch das eigene Erleben. Verstehen und Wissen sind Gegensätze.
- Es ist ja wiederum die Führung – allerdings mit einem anderen Bewußtsein –, aber es ist wiederum die Führung, die der Masse sagen wird, was sie zu tun hat.

Es gehe um das Entstehen einer „neuen Art von Führerperson". Man spricht von den „führenden Persönlichkeiten" der Zukunft.

„Der wahre Führer transformiert die Bedürfnisse seiner Gefolgschaft. Der erfolgreiche Führer weckt neue, ‚höhere‘ Bedürfnisse in seiner Gefolgschaft. Eine wahre Führung weckt in uns eine tieferliegende Unzufriedenheit, ein tieferes Verlangen" – um nur einige Sätze und Ausdrücke aus der New Age-Literatur zu zitieren.

Wie gefährlich New Age werden kann, belegt die Forderung von Ferguson: „Die beste Führung ist die, unter der die Leute sagen: ‚Wir haben es selber geschafft.‘" Ist denn das nicht die totale Manipulation? Ist denn das nicht der Faschismus à la Huxleys „Brave New World"? Wenn man für die Bewältigung der ökonomisch-ökologischen Herausforderungen eine „Intensivierung der Führung" und „größere, stärkere Führungspersönlichkeiten" fordert, dann verlangt man noch mehr Hierarchie, noch mehr Machtstrukturen, noch mehr Abhängigkeiten.

Wir brauchen nicht eine Orientierung der geistigen und strategischen Führung, wie es von Beratungsfirmen usw. postuliert wird. Wir brauchen *keine* Führer mehr, wir machen es selbst.

Oder um auf die Wirtschaft zurückzukommen – es wird für mich geradezu kabarettistisch, wenn ausgerechnet die Manager die großen Veränderer in Richtung neue Zeit sein sollen.

Nehmen Sie es mir nicht übel, wenn ich nach 25 Jahren Management und nach 15 Jahren Leitung eines internationalen Managementinstituts nur noch herzhaft lachen kann, wenn es heißt: „Der Unternehmer ist der neue, gewaltlose Agent der Veränderung" (Schwartz).

Oder „die leitenden Köpfe in der Geschäftswelt bilden möglicherweise die geistig aufgeschlossene Gruppe in der Gesellschaft" (Ferguson).

Oder wenn zu Managementseminaren eingeladen wird mit der Begründung: Unternehmer und Manager seien nach dem Wiederaufbau ein zweites Mal herausgefordert, „aus der geistigen Krise des

Menschen und der westlichen Industriegesellschaft herauszufüh-
ren".

Ausgerechnet jene Leute,

- die uns in allen Bereichen der Wirtschaft in die Sackgasse hin-
  eingeführt haben,
- die für ihre geschäftlichen Interessen brutal die ganze Umwelt
  zerstören,
- an denen der Bewußtseinsprozeß der letzten 15 Jahre, der Millionen „gewöhnliche" Menschen erfaßt hat, spurlos vorbeige-
  gangen ist,
- die sich als völlig unfähig erwiesen haben, sich im wirtschaftlichen Bereich etwas einfallen zu lassen,
- die sich ständig hinter Sach- und Systemzwängen verschanzen,
  um sich ihr Versagen nicht eingestehen zu müssen.
- die sich mit Händen und Füßen dagegen wehren, wenn von
  ihnen verlangt wird, sie müßten ökologische und gesellschaftliche Überlegungen und Faktoren in ihren Entscheidungen mit
  berücksichtigen,
- die in einer Schizophrenie ohnegleichen leben – in ihrem Pri-
  vatleben gelten Prinzipien und Werte, die in diametralem Gegensatz zu dem stehen, was sie beruflich tun –,
- die in ihrer Egozentrik der Karriere alles und jedes opfern,

ausgerechnet diese Leute sollen uns nun wieder das Heil bringen.

14.

Ich werde das Gefühl nicht los, daß New Age ein superraffinier-
ter Trick jener Kreise ist, die ihr möglichstes tun, um die sich an-
bahnende Rebellion der Basis des Volkes zu unterlaufen.

Capra, Ferguson und wie sie alle heißen, als Agenten der militärisch-industriellen Mafia? Ist die Vorstellung so absurd?

Sie ist es nicht, wenn man die New Age-Publikationen unter diesem Aspekt betrachtet. Wir Manager, wir Leute an der Macht, wir werden bald unser Bewußtsein ändern. Es wird alles gut. Überlaßt es uns. Seid ruhig!

Oder sind die New Age-Exponenten wirklich so naiv, so weltfremd? Haben die noch nie bemerkt, daß in allen hierarchischen Strukturen immer genau die gleichen Leute nach oben kommen? Völlig unabhängig vom Bereich, in dem diese Hierarchie wirkt: ob Staat, ob Kirche, ob Schule, ob Militär, ob Wirtschaftsunternehmen, ob Sozialwesen – die Leute an der Spitze unterscheiden sich in nichts. Die Topleute sind ja sogar stolz darauf, beliebig zwischen den Bereichen wechseln zu können.

Will man sich nicht eingestehen, daß nicht einmal die Art des Ausleseverfahrens einen Einfluß darauf hat, welcher Typus schließlich an die Spitze kommt?

Worin unterscheiden sich denn die „Führer" der westlichen „Demokratien" grundsätzlich von den „Führern" der östlichen „Diktaturen"? Worin unterscheidet sich grundsätzlich ein Reagan von einem Generalsekretär der KPdSU in Moskau, worin unterscheidet sich die Reagan-Administration von den Apparatschiks? Worin unterscheidet sich eine Thatcher von einem Jaruselski, ein Mitterrand von einem Ceauşescu, ein Kohl von einem Kadar? Also sind es die hierarchischen Strukturen an sich, die dafür sorgen, daß nie jene Leute nach oben kommen können, die sich durch Menschlichkeit, charakterliche Integrität, fachliche Kompetenz auszeichnen würden, und zu denen wir echtes Vertrauen haben dürften.

Das Karriereprinzip, wie es der Hierarchie zugrunde liegt, führt dazu, daß überall an der Spitze die konformen, schlecht informierten, inkompetenten und charakterlich äußerst problematischen Typen sitzen.

Das „Heil" kann nicht von oben kommen. Die guten Leute sind unten (alles Gute kommt von unten!).

Nein, es sind nicht die Experten, die Wissenschaftler, die Manager, die Führer.

Nein, das neue Zeitalter, das sind wir selber,

das neue Zeitalter, das ist der autonome Mensch, das ist der selbstbewußte und selbstbestimmte Mensch, das ist die selbstgestaltete Gemeinschaft, das ist die echt demokratische und christliche, also anarchische Gemeinschaft. (Die anarchische Gesellschaft – wirklich übersetzt: die Gesellschaft, die frei ist von fremdbestimmter Macht – ist die einzige, geordnete Gemeinschaft. Sie beruht auf der Übereinkunft und dem Einverständnis aller beteiligten Menschen. Chaotisch ist *unsere* Gesellschaft, die nur noch mit immer mehr Polizei, Militär, Überwachung, Computerkontrollen überleben kann. Die Menschen würden freiwillig schon längst nicht mehr mitmachen.)

Die neue Gesellschaft, das kann auch im wirtschaftlichen Bereich nur die Selbstbestimmung, die Autonomie, die Selbstverwaltung sein. Geht das im Rahmen der heutigen Wirtschaft? Geht das im Rahmen einer Wirtschaft mit den heutigen Zielsetzungen, Wertmaßstäben, Mechanismen und Strukturen? Muß nicht der erste Schritt das Abkoppeln, das Entflechten, das sich Entziehen sein?

- Self reliance für die Dritte Welt,
- Autarkie für die Regionen,
- individuelle Arbeitszeit für den einzelnen Menschen,
- Schattenarbeit, Schwarzarbeit, wo immer es geht?

Mit allen Mitteln versuchen, diese Wirtschaft zu unterlaufen und einfach anders leben?

Die Problematik läßt sich vielleicht am besten an einer Parallele zum wirtschaftlichen Bereich aufzeigen:

- Das Problem Arbeitslosigkeit läßt sich nur noch lösen, wenn

wir dem Begriff Arbeit einen anderen Inhalt gaben. Arbeit
muß wieder identisch werden mit „sinnvollem Tun".
- Dies ist nur möglich, wenn wir neue Strukturen in der Arbeitswelt entwickeln. Dies wiederum ist nur möglich im Rahmen
  neuer Wirtschaftsstrukturen.
- Der Gegensatz zwischen Kapital und Arbeit muß überwunden
  werden – unabhängig davon, ob es sich um den Privatkapitalis-
  mus des Westens oder den Staatskapitalismus des Ostens han-
  delt.
- Das Ziel, um die Probleme lösen zu können, muß die Selbstverwaltung sein.

Dies hat ein ideologisch unverdächtiger Repräsentant unseres
Systems gesagt: der Papst in seiner Enzyklika zum Thema
Arbeit.

Verständlich, daß diese Enzyklika totgeschwiegen wurde. Der
Papst darf doch keine eigene Meinung haben! Seine Meinung gilt
nur, wenn sie dem wirklich Mächtigen paßt.

Ein Jahr später: ich habe die Chance, einen ganzen Tag mit 50
Priestern in einem Seminar über die gesellschaftliche und wirtschaftliche Problematik der heutigen Zeit diskutieren zu können.
Ich bin stolz darauf, als Nicht-Katholik diese Enzyklika zitieren zu
können.

Die Reaktion war für mich sensationell: *Ein* großer Protest sei-
tens der Priester: „Solange der Papst in seinem eigenen Bereich das
Gegenteil macht, ist er unglaubwürdig, wenn er Selbstverwaltung
fordert." Lügt der Papst? Oder kann er nicht anders, weil er selbst
das Ergebnis hierarchischer Strukturen ist, oder weil die Katholische Kirche als Institution nichts anderes zuläßt?

Wieder ein Jahr später: Inquisition – ein Vertreter der südameri-
kanischen Befreiungstheologie muß in Rom antreten und Rechen-
schaft über sein Engagement für die Armen ablegen. Anschließend
ein Presseinterview: „Die Katholische Kirche wird in Europa

untergehen. Sie kann mit den heutigen Strukturen nicht überleben. Rom wird vielleicht noch Verwaltungszentrum bleiben. Aber die Katholische Kirche wird weiter existieren. Sie wird leben. Nicht als Institution. Aber wir, wir werden Katholische Kirche, christlichen Glauben leben, einfach leben, hier in Südamerika, wo es um das Leben an sich geht.

15.

Die Kosmologen prophezeien, die Jahre 1984–1990 werden die größten Umbrüche und Umformungen bringen. Innerhalb von 10 Jahren werde sich die Menschheit in vollständig neuen Verhältnissen sehen.

Einverstanden! Aber doch nicht dadurch, daß einige „suchen" und ihr Bewußtsein ändern.

Wer hat recht?
Wie wird es ablaufen?
Von oben, wie es New Age glaubt, oder von unten, vom Volk selber?
Es gibt ein Kriterium: Wovor haben die Mächtigen Angst? Wenn die Manager, Dozenten, Experten scharenweise in die New Age-Veranstaltungen laufen, dann weiß ich, daß sich nichts ändern wird.

Wenn die Mächtigen all die Menschen, die Demokratie, das Christentum, ganz konkret leben –
Demokratie in der Schule als freie Schule,
Demokratie in der Kirche als Basisgemeinde,
Demokratie in der Wirtschaft als selbstverwaltete Betriebe,

Demokratie in der Familie als Kommune oder Wohngemein-
schaft,

Demokratie in der Kultur als selbstbestimmtes Orchester, als
Straßentheater, als Werkstattliteratur;

wenn die Mächtigen alle diese Menschen als Feinde der Demokratie bezeichnen;

wenn die Mächtigen die Basisbewegungen in unserem Volk diffa-
mieren,

- wer sich für eine atomwaffenfreie Zukunft einsetzt, ist ein
  Systemveränderer,
- die Menschen, die sich in der Friedensbewegung engagieren,
  sind Söldlinge Moskaus,
- freie Schriftsteller sind Pinscher,
- Bürger, die nach dem Selbstverständnis unserer Gesellschaft
  fragen, sind Nestbeschmutzer;

dann weiß ich, daß die Mächtigen Angst haben. Sie haben nicht
nur Angst vor dem, was im Volk geschieht, sie laufen geradezu
Amok.

Es ist ein Amoklauf,

- wenn ein ganzes Volk erkennungsdienstlich behandelt werden
  soll – was will der neue Personalausweis anderes?
- wenn der Bundesgrenzschutz gedrillt wird für den Einsatz gegen das eigene Volk,
- wenn Installationen wie Kraftwerke, Ministerien, Startbahnen
  wie Festungen ausgebaut werden müssen gegen das eigene
  Volk.

Was ist das anderes als ein Amoklauf?

So grotesk es tönt: Dieser Amoklauf stimmt mich optimistisch.
Die Angst der Mächtigen ist meine Hoffnung.

Liebe New Age-Leute: Kommt von eurem elitären Roß herun-
ter! Das Neue ist nicht der kosmische Bewußtseinssprung. Das
Neue ist die harte Auseinandersetzung mit den Leuten, die an der
Macht sind.

Wie diese Auseinandersetzung aussehen wird? Gehen Sie einmal in die sterbenden Wälder, es ist ein Vorgeschmack.

Und wenn Sie jetzt wieder klatschen, haben Sie überhaupt nichts begriffen.

Hans A. Pestalozzi

geb. 1929, kennt die Machtstrukturen
unserer Wirtschaft und Gesellschaft und
die Denkmuster der Politiker und Manager wie nur wenige. Studium der Wirt-
schaftswissenschaften, Direktor eines
internationalen Management-Zentrums,
Bataillonskommandeur der Schweizer
Armee.

Als er nicht mehr bereit war, sich diesen
Strukturen unterzuordnen und seiner
Meinung in öffentlichen Vorträgen Aus-
druck gab, wurde er 1979 entlassen.

Seither „freier Publizist und autonomer
Agitator".

Während der letzten Jahre kämpfte er in
Hunderten von Vorträgen, in unzähligen Fernseh- und Radiosendungen und
Zeitungsartikeln für die Selbstbestimmung des Menschen, des mündigen, de-
mokratischen Bürgers gegen „die Leute,
die an der Macht sind".

Sein Buch „Nach uns die Zukunft – von
der positiven Subversion", eine Samm-
lung seiner Vorträge, die zu seiner Entlas-
sung geführt haben, wurde zu einem der
größten Sachbuch-Bestseller der letzten
Jahre.

Auch die von ihm herausgegebenen Bücher „Frieden in Deutschland", „Rettet
die Schweiz – schafft die Armee ab" und
„M-Frühling – Vom Migrosaurier zum
menschlichen Maß" standen auf den
Bestsellerlisten.

HERMES 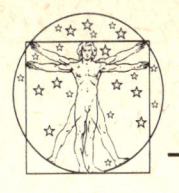 VERLAG

ROBERT MOREA

DAS HOLISTISCHE MANIFEST

Prinzipien und Perspektiven
für das Neue Zeitalter
des Menschen

— HERMES VERLAG —

Robert Morea
Das Holistische Manifest
Prinzipien und Perspektiven
für das Neue Zeitalter
des Menschen
Mit einer Kunstdruck-Postkarte der Titelgrafik
(„Das Trigramm des Wassermann-Zeitalters"/
„The Aquarian Trigramm")
180 Seiten, Quality-Paperback, DM 24,-
ISBN 3-88958-12-2

„Eine Vision geht um auf der Erde –
die Vision eines neuen Zeitalters. Alle
Mächte der alten Zeit haben sich zu
einem hysterischen Endkampf gegen
diese Vision verbündet, der Papst und
die Präsidenten, die Manager und die
Funktionäre, die Wissenschaftler
und Politiker, kapitalistische Zyniker
und kommunistische Ideologen."

„Keines der herrschenden Gesell-
schaftssysteme des sterbenden materialistischen Zeitalters kann die
Konzepte, Erkenntnisse und Forde-
rungen des Neuen Zeitalters verkraf-
ten, akzeptieren oder gar zur Realität
zulassen – es sei denn um den Preis
ihrer Deformierung und Pervertie-
rung, ihrer Entwertung und Einpas-
sung in die etablierten Strukturen.
Um den Preis ihrer „Vermarktung"
oder „Sozialisierung" nach den Ge-
setzen und Prinzipien der Kulturen,
die abzuschaffen und zu ersetzen sie
eigentlich angetreten sind."

„Die Ideologen haben die Menschen
nur immer verschieden mißbraucht.
Es kommt aber darauf an, sie zu befreien."

Robert Morea,
Das Holistische Manifest

Erscheint: Oktober 1985

HERMES 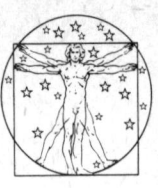 VERLAG

Norbert A. Eichler
Sonnenstadt im Nebel
Das Paradies in
den magischen Gärten
von Findit
Mit einer Titelgrafik und
12 Illustrationen von
Moina Erichson
92 Seiten, Quality-Paperback, DM 19,80
ISBN 3-88958-005-8

Irgendwo auf der Erde, in einem Land namens
Scossa, unweit der Stadt Nesverin, gibt es Findit,
die Sonnenstadt. Ihre Lage wird so präzise be-
schrieben, daß es dem aufmerksamen Leser
nicht schwerfallen dürfte, sie zu identifizieren –
und zu finden. Was ihn dort erwartet: Der fabel-
hafte Entwurf, die Vision eines gelebten Para-
dieses, in dem Menschen, Engel und Naturgei-
ster, Elfen, Feen und Faune in vollkommener
Harmonie miteinander und mit der „magisch"
empfundenen Natur die Utopie einer idealen
Gesellschaft, einer „Sonnenstadt" verwirklichen. So realistisch werden die Wunder der Sonnenstadt geschildert, daß der Leser nach der
Lektüre nur den Wunsch verspürt, den Koffer
zu packen und auf die Reise zu gehen – das
Buch als „Reiseführer ins Paradies" im Hand-
gepäck . . .

Arrabal · Chesnaux · Demuth · Eichler
Forster · Glucksmann · Greffrath
Huxley · Koestler · Louit · Orwell
Russell · Schröer · Sloterdijk
1984-4891
Eine Anthologie für das
Zeitalter Orwells
Mit einem Titelfoto von
Reinhard Rosenau
und 11 Ölbildern von
Julia Lohmann
116 Seiten, Quality-Paperback, DM 24,-
ISBN 3-88958-006-8

Das Buch des Jahres – und der Jahre danach:
„1984 – 4891" versammelt Autoren von interna-
tionalem Rang mit Beiträgen zum Thema Orwell, 1984 und Zukunftsperspektiven der
Menschheit. „Wir leben in einer Epoche, in der
das autonome Individuum aufhört zu existieren
– es wäre vielleicht besser zu sagen, in der das Individuum anfängt, die Illusion aufzugeben, au-
tonom zu sein", schreibt George Orwell selbst in
seiner Vision der nahen Zukunft, die dem einen
das „Zeitalter der Ameisen", anderen ein „Tota-
litäres Theater" oder ein Paradies für „Videoten"
zu werden verspricht. Wer sich als freies und frei
denkendes Individuum von „1984 bis 4891" er-
folgreich behaupten will, sollte dieses Buch je-
derzeit griffbereit haben . . .